Landfrauen-Rezepte aus

Sachsen

ODA TIETZ • FOTOS: FRIDHELM VOLK

ULMER

Inhalt

4 Geleitwort

6 Von Kaffeesachsen und Leipziger Allerlei

16 Salate

30 Suppen und Eintöpfe

50 Gemüsegerichte und Beilagen

68 Fleisch- und Fischgerichte

94 Süße Gerichte und Nachspeisen

112 Kuchen

126 Rezeptverzeichnis

Geleitwort
des Sächsischen Landfrauenverbandes e.V.

Liebe Leserin, lieber Leser,

der Freistaat Sachsen ist das größte und am dichtesten bevölkerte Bundesland der neuen Länder. Im Freistaat gibt es viele unterschiedliche Traditionen und Kulturlandschaften und genauso bunt und breit gefächert ist die sächsische Küche. Rezepte aus dem Weihnachtsland Erzgebirge, der Oberlausitz, dem Vogtland oder der gutbürgerlichen Küche Dresdens und nicht zuletzt der Einfluss der Grenzlage zu Polen und Tschechien bereichern die Speisepläne.

Ein wichtiges Hauptnahrungsmittel im Land waren und sind die Kartoffeln, Grundlage für viele Gerichte wie Kartoffelsuppe, Quarkkeulchen und viele andere Köstlichkeiten.

Der größte kulinarische Verdienst Sachsens allerdings sind Kaffee und Kuchen. Das erste Kaffeehaus entstand um 1700 in Leipzig. Schon Schiller besuchte gerne die sächsischen Kaffeehäuser. So verdankt die deutsche Kaffeetafel einen Großteil ihrer Kuchen den Sachsen: Eierschecke, Leipziger Lerchen, Bienenstich und Stollen sind nur einige Beispiele dafür.

Die Landfrauen engagieren sich immer mehr für die Vermarktung regionaler und saisonaler landwirtschaftlicher Produkte. So sind Fachfrauen für regionale Absatzförderung in Lebensmittelmärkten und auch auf Messen präsent, um die Vorzüge und die Qualität der einheimischen sächsischen Küche vorzustellen.

Sachsen reisen gern und so kommen immer neue Gerichte auf die Teller sächsischer Familien, die das kulinarische Angebot erweitern.

Probieren Sie unsere Rezepte!
Wir wünschen Ihnen gutes Gelingen und guten Appetit.

Hiltrud Snelinski
Landesvorsitzende

Von Kaffeesachsen und Leipziger Allerlei

Drei Kulinarien sind dem Sachsen wichtig: Kaffee, Kuchen und Kartoffeln. Bei einer Reise durch die Region begegnen sie einem unentwegt. Darüber hinaus liebt der Sachse alles, was „feichte ieber die Libben gommt" (feucht über die Lippen kommt). Deshalb wird mit Vorliebe gedidscht: der Kuchen – allen voran die Bäbe (Napfkuchen) und der Streuselkuchen – in den Kaffee, die Klöße und die Kartoffeln in die Soße.

Der Rathener Basteifelsen bietet herrliche Ausblicke auf das Elbtal.

Kaffee – das Nationalgetränk

Wieso spricht man vom Kaffeesachsen? Geprägt hat diesen Begriff Friedrich der Große, nachdem im Siebenjährigen Krieg kursächsische Soldaten mit dem legendären Spruch vom Schlachtfeld verschwanden: „Ohne Gaffee gönn mr nich gembbfen" (Ohne Kaffee können wir nicht kämpfen). Auch mit einem weiteren stilistischen Klischee, dem Begriff „Bliemchengaffee", muss der Sachse bis heute leben. Davon war bereits 1729 die Rede. Unter Blümchenkaffee versteht man einen Kaffee, der so rein und klar ist, dass man die Blümchen auf dem Grund der Kaffeetasse sehen konnte. Bis etwa um 1800 kredenzte man den Musentrank, den echten Bohnenkaffee, in bemalten Kaffeekoppchen und Unterschalen aus wertvollem Porzellan. Nach 1800 änderte sich dies. Dennoch blieb der Begriff Blümchenkaffee erhalten, obwohl es schon keine Blümchen mehr in den Tassen gab. Denn in Meißen wurde aus Absatzgründen auf die Innenbemalung der Tassen und Koppchen verzichtet.

Im sächsischen Sprachgebrauch gibt es für Kaffee neben Bliemchengaffee noch die Bezeichnungen „ä Scheelchen Heeßer" (obwohl kein Mensch mehr Kaffee aus Untertassen trinkt), Muckefuck, Plämpe, Lorke oder Laatsch. In gehobenen Kreisen nannte man Malzkaffee mit vornehmer Ironie Schwerterkaffee, weil er so dünn geraten war, dass man die blauen Schwerter unter dem Tassenboden durchschimmern sehen konnte.

Das erste Wirtshaus in Sachsen, das Kaffee ausschenkte, war der Coffe Baum. Heute gilt der Coffe Baum in Leipzig nach dem Café Procope in Paris als die älteste, bis heute kontinuierlich betriebene Kaffeeschenke. Wirts-

Die gekreuzten Schwerter sind das Wahrzeichen der weltberühmten Meißener Porzellanmanufaktur.

häuser und Kaffeeschenken hatten zur damaligen Zeit einen amourösen Anstrich. So rankt sich auch um den Türschmuck am Coffe Baum eine delikate Legende. August, dem Starken, so heißt es, habe die Wirtin Lehmann außerordentlich gut gefallen. Als Alimentenersatz für die geheime Liebschaft sei die Plastik aus der Dresdner Holzbildhauer-Werkstatt angebracht worden. Bis heute fand niemand heraus, wer den Auftrag beglichen hat, ja, wer überhaupt der Auftraggeber war.

Aber nicht nur Blaublütige übertraten die Schwelle der kleinen Schenke, auch Künstler, Gelehrte und Musiker wie Lessing, Gellert, Goethe, Liszt, Schumann oder Wagner. Sogar Napoleon (so sagt man) beehrte während seines Feldzuges das Haus. „Sein" Stuhl, auf dem er saß, wird noch immer hofiert.

In diesem Kaffeehaus wurde diskutiert, philosophiert und gezecht. Der Coffe Baum war aber zu keiner Zeit ein „reines Kaffeehaus". Bier- und Weinkrüge, Liköre und Speisen wurden ebenfalls über die Theke gereicht. Weil es in den Kaffeeschenken mitunter gar scham- und sittenlos zugegangen sein soll, der Kaffeegenuss mit Unmäßigkeit gleichgesetzt wurde und es hieß: „Coffeum wirft die Jungfrau um", denn „heiß wie das Feuer, schwarz wie die Sünde, rein wie ein Engel und süß wie die Liebe – soll der Kaffee sein", erließ der Rat der Stadt Leipzig im Mai 1697 ein Mandat für Kaffeeschenken. Er verordnete unter anderem, dass die Gesellschaft verdächtiger Weibs-Personen nicht gestattet sei. Verboten war auch der Aufenthalt und die Bedienung durch „Weibs-Personen, sowohl bey der Zurichtung des Geträncks und dessen Auftragung".

Verordnen war die eine Seite, die Umsetzung eine andere. Die Kaffeemägde, wie sie genannt wurden, waren aus den Kaffeehäusern ebenso wenig zu verbannen wie die Karten-, Brett-, Würfel- und Billardspiele. Bei Glücksspielen, die teilweise in geheimen Hinterzimmern stattfanden, war ebenfalls der Kaffee dabei. In Leipzigs Innenstadt entstand ein Kaffeehaus nach dem anderen. Kaffeegenuss wurde zur unbändigen Leidenschaft. Und Kuchen gehörte dazu.

Kuchen – immer „hibbsch sieße"

Die Messestadt Leipzig wurde im 18. und 19. Jahrhundert nicht nur von der Kaffeeleidenschaft beherrscht. Eine Kuchenmanie kam dazu. Im Rosental und in den nahe gelegenen Dörfern sollen wahre Kuchenorgien gefeiert worden sein. Was in Süddeutschland der Wein- und Biergarten war, war in Sachsen der Kaffee- und Kuchengarten. Tonnen von Mehl,

Zucker und einheimischem Obst verarbeitete man zu Kirsch-, Pflaumen-, Apfel-, Heidelbeer-, Quark-, Streusel- und Prasselkuchen. Das brachte den Bäckern Ruhm und klingende Münze. Wallfahrtsorte waren der Große Kuchengarten in Reudnitz, der kleine Kuchengarten in Anger-Crottendorf, das Schweizerhaus im Rosental oder das Mückenschlösschen, wo sogar die Zudringlichkeit der Mücken die Besucher nicht abschreckte (obwohl die Stechtiere von besonderer Größe gewesen sein sollen). Und besonders liebte der Sachse das „Didschen", das Eintunken des Kuchens in seinen geliebten Kaffee.

Was zeichnet die sächsischen Kuchen aus? Die Glanzstücke aus dem Ofen sind über die Maßen süß und oft belegt mit zuckrig-buttrigen und dicken Streuseln – sogar Obst und Quarkkuchen werden damit bestückt. Es gibt allerlei Arten von Teigsorten: Hefe-, Backpulver-, Mürb-, Baiser- oder Pfefferkuchenteig, oft reichlich gespickt mit Nüssen, Mandeln, Rosinen, Zitronat und Orangeat. Ihr Innenleben ist immer aromenreich und vielseitig: Marzipan, Nüsse, Konfitüre, Sahne-, Vanille-, Nuss-, Quark-, Kaffee- oder Schokoladencreme. Und wenn das Gebäck dann noch immer nicht die nötige Süße hat, bekommt es noch eins drauf – Zuckerguss, Schokoladenröllchen, -streusel oder -späne und Schlagsahne.

Um so manche Backwerke ranken sich Geschichten und Legenden. So kam ein kleines, unscheinbares, aber köstliches Törtchen, umhüllt von wenig Teig mit einer Füllung aus zartestem, zuckrigen Marzipan und aromatischer Aprikosenkonfitüre zu ungeahntem Ruhm. Im Jahre 1876 wurde in Leipzig das Fangen, Verspeisen und der Versand von Singvögeln verboten. Pfiffige Bäcker übertrugen den Namen „Lerche" auf das Marzipantörtchen. Die Törtchen waren haltbar und man konnte sie daher gut verschicken. An

Beliebtheit haben die „Leipziger Lerchen" bis heute nicht verloren.

Ein zerbrechliches Backwerk erfand die Bäckergilde in Meißen. Noch heute thront die „Meißner Fummel", so heißt das luftige Backwerk, im winzigkleinen Schaufenster der Konditorei Fiedler. Man soll sie unbeschadet nach Hause tragen – so steht daneben geschrieben. Kunststück, bei dem Holperpflaster... Spitze Absätze sind gefährlich beim Fummeltransport! Aber Gefahr droht nicht, wenn sie dennoch zerbricht. Das war zu Zeiten des Starken August anders. Denn die königliche Hoheit hatte das Backwerk extra für seine weintrunkenen, unpünktlichen Kuriere anfertigen lassen. Hoch zu Ross mussten sie es immer bei sich tragen und bei der Ankunft unbeschadet vorzeigen. Und war das zarte Gebäck zerbrochen, drohte ihnen Strafe.

Heute kann man die Fummel nur in Meißen kosten, denn das Rezept wird streng gehütet. Nur so viel ist bekannt:

„Der Bäcker nimmt 'nen Batzen Luft, bläst bissel Teig drum rum;

schon zieht der Fummel würz'ger Duft ins liebe Publikum."

Ebenfalls begehrt – die Gose

Nicht ganz so verbreitet wie der Kaffee, aber auch begehrt und berühmt ist die Gose. Mitte des 18. Jahrhunderts kredenzte ein Gastwirt namens Gieseke in Eutritzsch (seinerzeit ein kleiner Vorort von Leipzig, heute ein Stadtteil) ein prickelndes, goldig helles bierähnliches Getränk mit leicht weinsäuerlichem Geschmack, das wahre Begeisterungsstürme hervorrief: die Gose. Fürst Leopold von Dessau, genannt der „Alte Dessauer", hatte für seinen Freund Gieseke die „Aufhebung des Bierzwangs" erwirkt. Und die Gose (benannt nach dem gleichnamigen Fluss, an dem die Stadt Goslar liegt), im Harzer Land längst ein Hit, durfte nun auch durch Leipziger Kehlen fließen. Gieseke war ein gemachter Mann, denn sein guter Tropfen machte in der Stadt an der Pleiße rasch Furore. Die ganze Familie ging an den Wochenenden auf die Wanderschaft – hinaus nach Eutritzsch. Auch die Studenten, unter ihnen der junge Goethe, ließen sich dieses

Schon Erich Kästner liebte es, Prasselkuchen in heiße Schokolade zu „didschen".

„Göttergetränk", das den Durst löschte und nach „mehr" schmeckte (ein Schuss Himbeersaft oder Kümmel gehörten auch dazu), nicht entgehen.

Gose, alsbald das Leipziger Familiengetränk (nach dem Kaffee) wurde nach geraumer Zeit auch in anderen Wirtshäusern ausgeschenkt. Um 1914 konnte der Leipziger zwischen 16 Gosestuben wählen und das süffige Getränk, abgefüllt in grüne dickbauchige Goseflaschen mit langem Hals in zwölf Gose-Handlungen kaufen. Ab Mitte der 1960er-Jahre verschwand die Gose in Leipzig, aber nur für einige Jahre. In der ehemaligen Gosenstube „Ohne Bedenken" in Leipzig-Gohlis fließt sie wieder wie eh und je.

Kartoffel – beliebtes Probierobjekt

Neben Kaffee und Kuchen wird noch etwas in Sachsen verehrt: die Kartoffel – die Feine vom Acker! In Würschnitz im Vogtland soll diese Knolle so um 1680 erstmals angebaut worden sein. Ein Zimmermann habe die essbare Frucht aus Amsterdam mitgebracht, heißt es. Die Vogtländer gelten daher im Volksmund als die Vorreiter im Kartoffelanbau Deutschlands (bewiesen ist das leider nicht!).

Wie willkommen war diese Ackerfrucht (anspruchslos dazu, denn sie kam mit kargem Boden aus), die neben Viehfutter auch Abwechslung in den Schüsseln und auf den Tellern versprach! Die Kunde von der Wunderknolle verbreitete sich rasch. Pastoren priesen sie auf Befehl der Vögte von der Kirchenkanzel herab. Man nannte sie deshalb auch „Knollenprediger". Auch die munteren vogtländischen Burschen, die als die besten Tänzer galten und gern den hübschen Mädchen im Erzgebirge den Hof machten (sie hatten mehr Schneid und so mancher schnappte einem

Erzgebirgler die Liebste weg), brachten die Kunde von der Wunderknolle ebenfalls in Umlauf – auf ihre Weise. Und natürlich tauschte man von Haus zu Haus Rezepte aus. Man erkannte bald, dass das Gute von unten eine willkommene Abwechslung zu den sonst üblichen Grütz- und Hirsebreien war. Denn die goldgelbe Köstlichkeit, die sich unter der wenig ansehnlichen Schale verborgen hielt, passte hervorragend zu Herzhaftem und Deftigem, aber auch Fruchtigem und sogar Süßem. Die Kartoffel entpuppte sich als äußerst vielseitig und hat die sächsische Küchenfantasie allzeit angeregt. Der Erdapfel war ein begehrter Sattmacher und ein beliebtes Probierobjekt, so dass jede Region ihre eigenen Lieblingsgerichte hervorgebracht hat.

Man bereitete Schälerkartoffeln oder Schoalabern (Pellkartoffeln) und tauchte sie in Leinöl oder Quark. Heute isst man sie auch gerne zu Butter oder Leberwurst. Weil die Vogtländer Kartoffelstückchen Spalken nennen, heißt ihre Kartoffelsuppe auch Spalkensuppe. Man bereitet aus Kartoffeln vielerlei Arten köstlicher Klöße: süß und herzhaft, gewickelt und gefüllt. Und es gibt sogar grüne Klöße. Sie heißen Griegeniffte und wurden im Vogtland erfunden. Diese Klöße schillern zwischen Grün und Grau, sind außen heller als innen, wo sich die gerösteten Semmelwürfel verstecken. Und nicht zu vergessen die vielerlei Puffer, die auch Klitscher oder Handwerksbürschle heißen.

Besonders populär ist ein ovales, goldgelbes, gebrutzeltes und verführerisch duftendes Küchlein, das in Sachsen Gäse- oder Quarggeilchen (Käse- oder Quarkkeulchen) heißt. Quarkkeulchen werden je nach Geschmack und Fantasie verschiedentlich verfeinert: mit Rosinen, Mandeln, Eiern, Vanille oder Zitronat. Hauptzutat ist und bleibt die Kartoffel.

Gemüse – frisch und knackig muss es sein

Egal, wo man in Sachsen hinkommt, ob nach Leipzig oder Dresden, ins Vogtland, ins Erzgebirge oder in die Oberlausitz – man mag nicht nur Kartoffeln, sondern alle Arten von Gemüse. In großen Mengen holt man es an den Herd, so wie es die Jahreszeit bereithält, aus dem eigenen Garten oder direkt vom Markt. Auf alle Fälle muss es frisch, knackig und farbenfroh sein. Der Sachse bereitet Salate aus Tomaten, Gurken, Äpfeln, Möhren, Kohlrabi, Schalotten, Kopfsalat und verfeinert und verziert sie mit vielerlei Kräutern, Gänseblümchen, Löwenzahn- und Borretschblüten oder Kapuzinerkresse. Auch Kraut,

Der Dresdner Zwinger –
barocke Pracht, die jährlich viele
begeisterte Besucher anzieht.

Lauch, Blumenkohl, Spargel, Schwarzwurzeln und Zwiebeln kommen in vielen Variationen auf den Tisch – mal gedünstet, mal geschmort, mal gewickelt, mal gefüllt, ja, sogar in pikanten Kuchen und Torten.

Besonders begehrt ist jedoch das Frühlingsgemüse. Zubereitet als Leipziger Allerlei kam es nicht nur auf Bürgertische, es wurde auch bei Hofe gern verspeist. Stets dabei waren Morcheln und Krebsschwänze. Vielerorts kennt man Leipziger Allerlei aber auch als bunten Gemüseeintopf mit Möhren, Kohlrabi, Erbsen und Kartoffeln. Eine weitere Variante ist die Zubereitung mit Rindfleisch, Brühe, Kartoffelstückchen und Kräutern. Bis heute ist man im Leipziger Raum geteilter Meinung darüber, wie nun dieses berühmte Gericht tatsächlich zubereitet werden sollte.

Wie das Leipziger Allerlei entstand, wird im Klassenaufsatz Nr. 1 erläutert, aufgeschrieben von der Nationaldichterin Lene Voigt:

„Wir sollen einen Aufsatz über den Garten im Frühling schreiben. Viele Leute haben aber gar keinen Garten, die müssen in eine Garten-

wirtschaft gehen. Spargel und Bohnen wachsen da nicht, aber Siedewürstchen und Bier. Wir haben einen Garten, das ist ein Schrebergarten. Da hat der Vater Mist hinfahren lassen vom Fleischer Fuchs, der hat sehr schlecht gerochen. Die Mutter hat Möhren und Erbsen darauf gesät. Die konnten aber den Geruch auch nicht vertragen und haben bald ihre Köpfe aus der Erde hervorgestreckt. Wenn sie groß sind, kann man sie essen, das nennt man Leipziger Allerlei."

Ganz ohne Fleisch geht es nicht

Dem Leipziger haftet der Ruf an, ein „Rindfleischfresser" zu sein. Als das Fangen von Singvögeln und damit das Verspeisen von Lerchen im Jahre 1876 verboten worden war, die gefüllten, gekochten oder gebratenen, als Gabelfrühstück in Aspik eingelegten Vögelchen von den Speisezetteln verschwanden und die Leipziger den Versand dieser „Delikatessen" einstellen mussten, besannen sie sich wieder ihrer anderen Leidenschaft: der Liebe zum Rindfleisch. Denn das Fleisch verfeinerte nicht nur die berühmt gewordenen Leipziger Frühlingssuppen und Gemüseeintöpfe. Es war als Braten zu Klößen oder zu Gemüse willkommen, es verfeinerte Salate und war ein begehrter Brotbelag. Und das ist noch immer so!

Die Dresdner haben dafür einen anderen Vogel zum Küchenliebling auserkoren: die Gans. Ihr huldigen sie besonders, wenn der Martinstag näher rückt und natürlich zu Weihnachten. Mal kommt der Vogel in voller Größe mit köstlicher Füllung auf den Tisch, mal entscheidet man sich für Brust oder Keule, immer mit einigen Extras, versteht sich, denn das königliche Flair der einstigen Schlossküche schwebt über jedem Dresdner Herd.

Wie die Sachsen so sind

Nicht alle Sachsen sprechen sächsisch. Denn in dieser Region gibt es die Vogtländer und die Erzgebirgler mit ihrer eigenen Mundart, die etwas bayrisch, fränkisch oder thüringisch angehaucht ist. Die Oberlausitzer erkennt man am Quirl im Hals, der zaubert ihnen das unübertrefflich rollende „rrrr". Der Leipziger „singt" beim Sprechen anders als der Dresdner. Der Sachse wird seiner Sprache wegen oft belächelt. Aber ablegen würde er sie ebenso wenig wie sein süßes Laster (dem er nun mal verfallen ist). Auf jeden Fall ist er ungekünstelt und geradeheraus und er will jeden Streit vermeiden. Deshalb sagt er oft zu allem „ja", macht aber in Wirklichkeit, was er will. Kommt man ihm auf die Schliche, ist er nicht etwa verunsichert, sondern sagt höchstens (so nebenbei): „Ja, is denn das die Möglichgeid?" Ein Sachse behauptet sich mit leisem Schritt. Nur „verhohnebiebeln" lässt er sich nicht. Dann demonstriert er seine sächsische Eigenart (und stille Waffe) ganz deutlich. Er schmollt und ist eine Weile böse. Aber das hält er nicht lange durch – und deshalb ist er bald wieder versöhnt.

Der Sachse ist zufrieden, wenn er etwas Eigenes hat: ein kleines Haus oder einen eigenen kleinen Betrieb. Er ist gemütlich, aber auch fleißig, erfinderisch und umtriebig und rappelt sich immer wieder hoch, auch wenn es mal Rückschläge gibt. Kein Wunder, bei dem Urahnen, der die Sachsen stark und gewissermaßen auch blaublütig gemacht hat. Wieso? Ganz einfach: August der Starke machte nicht nur Dresden zur kulturellen Metropole, er liebte nicht nur Prunk, Glanz, Feste, gutes Essen und die Jagd – er war auch den Frauen hold: 365 Kinder soll er gehabt haben. Und das ist schon eine Weile her! Wenn man nun ein wenig nachrechnet, wie viele Generationen im Laufe der Jahrhunderte so zusammen-

In der Oberlausitz versteht man sich auf das kunstvolle Verzieren von Ostereiern.

gekommen sind, weiß man, dass alle „echten" Sachsen mit August dem Starken verwandt sein müssen...

Bräuche, die man liebt und pflegt

Die Oberlausitz wird im Volksmund auch Osterland genannt: der schönen Osterbräuche wegen – allen voran das Bemalen und Verzieren von Ostereiern, das eine lange Tradition hat. Jedes Jahr aufs Neue entstehen kleine, zauberhafte Kunstwerke. Bewaffnet mit Federkiel und Wachs sitzen Groß und Klein vor riesigen Eierbergen und lassen der Fantasie freien Lauf. Pünktchen, Striche, Dreiecke, Blüten und Blätter zieren die Eier und machen jedes zu einem Unikat, denn keines gleicht dem anderen.

Die jungen Burschen zeigen zum Osterfest ihre Künste beim „Usterschissn". Das Osterschießen vertreibt die Hexen, die die Felder

vergiften oder die Saat am Wachsen hindern wollen. Dafür mussten schon vor hundert Jahren Knallkorken, Knallfrösche und Zündblätter herhalten. Auch heute noch wird geböllert und geknallt – und an Spaß fehlt es nicht, weder im Oberlausitzer Bergland noch im Gebiet um Zittau herum oder in den Bauerndörfern Großhennersdorf, Ebersdorf, Rennersdorf. Aber nicht jeder gibt sich mit Schießen zufrieden. Viele zünden obendrein noch ein Feuerchen an. Denn wo das Osterfeuer brennt, hat das Böse keine Chance.

Mit einem Feuer umschritt oder umritt man auch die Saatfelder, um die bösen Mächte zu bannen. Das „Osterreiten" oder „Saatreiten" gibt es noch immer. Hoch zu Ross reiten die stattlich ausstaffierten Männer in schwarzem Gehrock und Zylinder über die Felder. Sie sitzen auf gold- und silberbestickten Satteldecken, die Mähnen und Schweife der Pferde sind mit bunt bestickten Bändern geschmückt. Im nächsten Dorf erwartet man die berittene Pracht mit allerlei Stärkung: Da gibt es Kräftiges, Süßes und Süffiges.

Ein schöner Brauch ist das Zampern – das Winteraustreiben. In der Oberlausitz freut man sich aufs Zampern seit Jahrhunderten jedes Jahr aufs Neue. In jedem Dorf feiert man es ein wenig anders, aber immer nach einem streng vorgeschriebenen Ritual. Im Dorf Spohla veranstaltet man es so: Man trifft sich an einem vereinbarten Tag Ende Januar, Anfang Februar, verkleidet bis zur Unkenntlichkeit. Dann geht's von Haus zu Haus. An der Spitze schreiten zwei Hochzeitsbitter, die Schnapsflasche in der Hand. Sie bilden die „Hauptkasse". Denn wenn sie den Hausbewohnern einen Trunk nebst flotten Sprüchen kredenzen und ein Tänzchen drehen, wandert so manche Münze in den bereitgehaltenen Hut. Dicht dahinter folgt die Blaskapelle. Dann kommen Mann und Frau (der Mann in Frauenkleidern, die Frau als Mann verkleidet)

keiten. Es ist ein Obolus der Vögel, die sich bei den Kindern für das Füttern bedanken. Und dann geht es erst richtig los. Dann wird Hochzeit gefeiert und selbstverständlich sind die Kinder dazu eingeladen. Elster und Rabe krächzen sich das Ja-Wort zu, laut schallt es durch Gässchen und Straßen: „Der Reiher, der Reiher, der bringt der Braut den Schleier. Die Huschegans, die Huschegans, die bringt der Braut den Myrtenkranz, fiderallala, fiderallala…". Auch die Kinder dürfen ein Vogelkostüm anziehen. Dann wird begutachtet: Wer hat die schönsten, größten und buntesten Flügel, wer den frechsten Pappschnabel, wer kann am höchsten fliegen, wer am stolzesten schreiten, wer am lieblichsten zirpen, zwitschern, tirilieren. Und schon weist der Hochzeitsbitter den Gästen die Plätze zu. Bei all dem Spaß, den Kinder und Erwachsene haben, spüren sie die klirrende Kälte kaum, die die Jahreszeit nun mal mit sich bringt. Keiner denkt daran, dass der kalte Januar doch eigentlich gar nicht der rechte Zeitpunkt fürs Heiraten ist …

Wunderbar ist die sorbische Hochzeit! Da geht es nicht nur munter und fidel zu, es gibt auch eine Köstlichkeit nach der anderen. Herzhaftes, Deftiges und Süßes lösen einander ab. Nach der Hochzeitssuppe (sie ist übrigens so begehrt, dass man sie sich längst nicht mehr nur zur Hochzeit gönnt!) folgt die mit Zwiebeln, Möhren und Sellerie gekochte Rinderbrust – pro Person rechnet man mindestens ein Pfund – mit Meerrettichsoße. Dazu trinkt man ein Gläschen Klaren, manchmal auch zwei. Die Scheibe Brot dazu verkneift sich fast jeder, denn nach diesem Gang wird's gewaltig: Auf einer Platte liegen feine Scheiben von Kalbsnierenbraten und Kalbskeule, böhmische Knödel und Kartoffelbällchen, in Butter gedünstetes Gemüse – Blumenkohl, Möhren, Erbsen, Champignons.

Die Sorbische Hochzeitssuppe gönnt man sich längst nicht mehr nur zum festlichen Hochzeitsessen.

mit der Kiepe (geflochtener Korb) auf dem Rücken. Dahinein wandern Würste, Schinken, Kuchen, Schokolade, Kekse, Bonbons, Brot, Brötchen. Hinterher schlendert die fröhliche, schmuddelige Eierfrau (ebenfalls ein verkleideter Mann) und sammelt Eier ein. Mit von der Partie sind auch Volkspolizei und Feuerwehr – denn Ordnung muss sein. Eine bunte, illustre Schar herausgeputzter Leute läuft, hopst und tanzt hinterher. Das Schlusslicht bildet ein duftender Pfannkuchen- und Würstchenwagen. Den ganzen Tag dauert dieses Treiben. So viele Häuser, so viele Schnäpschen und Tänzchen! Die Schar wird zunehmend lauter und lustiger. Am späten Nachmittag bereiten die Frauen aus den eingesammelten Reichtümern eine Stärkung. Die Männer zählen indes die Münzen, die am Abend kostenlosen Genuss von Bier, Schnaps und Speisen im Wirtshaus garantieren.

Kinder freuen sich auf den 25. Januar, denn das ist der Tag der Vogelhochzeit. Schon früh am Morgen werden die Kleinen verwöhnt. Auf dem Fensterbrett stehen Teller mit Süßig-

Außerdem wird Gurken-Tomaten-Salat gereicht. Darauf folgt das Dessert: Birnenkompott. Es duftet nach Nelken. Während des Essens hat man wenig Zeit zum Erzählen. Das besorgt der witzige und redselige Hochzeitsbitter, der so allerlei Schwänke parat hat. Und so manch einer verschluckt sich beim Lachen. Danach wird getanzt. Ohne Unterbrechung, auch dann noch, wenn der Brautschleier längst abgetanzt und das Brautpaar verabschiedet worden ist. Denn Hochzeitsessen sind selten, darum sitzen wir drei Tage, heißt es in der Oberlausitz.

„Hutzngehn", wie das Beisammensein genannt wird, war im Erzgebirge Brauch. Diese Gebirgsgegend lässt an Silber- und Erzbergbau, tiefe Wälder, Ski- und Schlittensport, Schnitzerei, Weberei, Stickerei und ans Spitzenklöppeln denken. Das Klöppeln entwickelte sich hier zu einer Kunst wie kaum anderswo. Im Jahr 1561 wurde das Spitzenklöppeln von Barbara Uttmann eingeführt. Für viele Familien war es ein willkommenes „Zubrot" und es entwickelte sich zur erzgebirgischen Volkskunst. Am Abend traf man sich bei Nachbarn und Freunden, um für den „Zweitberuf" zu arbeiten. Beim „Hutzngehn" entstanden Decken, Tücher, Spitzenkragen, Brautschleier. Aus dem Backofen strömten manchmal Düfte von Aardäppelkuchen. Eine leckere Stärkung spornte doppelt an. Die Männer schnitzten Nussknacker, Bergmänner, Pyramiden – und sie schnitzen noch immer, deshalb bekam das Erzgebirge bald den Namen „Weihnachtsland". Im Museum in Seiffen kann man jahrhundertealte Prachtexemplare bestaunen und in einer Schauwerkstatt den Meistern ihres Fachs auf die Finger schauen. Mit umwerfender Fingerfertigkeit und großem Geschick zaubern sie Rehe, Schafe, Häuser, Tannenbäume und vieles mehr.

Für liebevoll aus Holz gefertigten Weihnachtsschmuck ist das Erzgebirge in aller Welt bekannt.

Ein beliebter Weihnachtsschmuck auf dem „Tannenbeiml" sind Werdauer Zuckermännle – Backwerk aus Pfefferkuchenteig, bunt mit Zuckerfarben verziert. Buckefrauen brachten sie zur Weihnachtszeit in ihren Kiepen bis ins obere Vogtland nach Adorf, Markneukirchen und Klingenthal. Jedes „Beiml" bekam zwölf Kerzen, für die zwölf Monate im Jahr, für die zwölf sagenumwobenen Nächte zwischen dem 1. Weihnachtsfeiertag und Heiligdreikönige, für die zwölf Apostel. Aber in Plauen und in einigen kleinen Dörfern steckten 13 Kerzen am Baum. Das 13. Licht war das Neujahrslicht.

In den engen Bauernstuben hingen die Bäume dereinst an der Decke, damit für die Kinder Platz zum Spielen blieb. Am Weihnachtsabend, wenn das „Bornkinnel" (Christkind) kam, wurde eine Kerze angezündet, am nächsten Abend wieder eine und so fort, bis alle Lichter abgebrannt waren. Dann durfte der Baum geplündert werden. Wie der Tannenbaum muss auch der Moosmann beim Weihnachtsfest dabei sein. Jedes Jahr bekommt der Geschnitzte ein neues Gewand aus Moos und neue Kerzen. Er ist der Lichterträger des Vogtlands – und ein Glücksbringer obendrein.

Pilzsalat   Bild rechts

Zutaten für 4 Personen

250 g gedünstete Steinpilze und Pfifferlinge

250 g Schinkenwurst

125 ml Weißwein

Salz

frisch gemahlener weißer Pfeffer

- Die Pilze und die Wurst fein schneiden und in eine Salatschüssel füllen
- Den Wein darüber gießen, alles vermischen und mit Salz und Pfeffer abschmecken
- Vor dem Servieren zugedeckt 2 Stunden im Kühlschrank durchziehen lassen.

Apfel-Möhren-Salat

Zutaten für 4 Personen

3 Möhren

3 Äpfel

4 EL Zitronensaft

2 EL Sonnenblumenöl

1 EL Zucker

1 Prise Salz

- Die Möhren waschen und putzen, die Äpfel schälen und entkernen
- Möhren und Äpfel grob raspeln
- Mit Zitronensaft, Öl, Zucker und Salz vermischen und servieren.

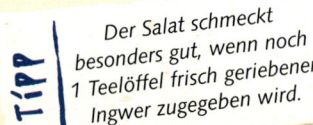

Tipp

Der Salat schmeckt besonders gut, wenn noch 1 Teelöffel frisch geriebener Ingwer zugegeben wird.

Möhren sollten wie anderes Gemüse kühl und dunkel gelagert werden.
Möhren sind in Sachsen sehr beliebt. Man bereitet aus ihnen Salate, Suppen und Eintöpfe und sie sind beim Leipziger Allerlei mit von der Partie.

Eiersalat

Zutaten für 4 Personen

100 g durchwachsener
Speck

250 g Jogurt

1 EL Senf

2 EL Zitronensaft

1/2 TL Zucker

Salz

frisch gemahlener
weißer Pfeffer

8 Eier

1 Hand voll
Brunnenkresse

- Den Speck in kleine Würfel schneiden und in einer Pfanne ohne zusätzliches Fett kross ausbraten
- Den Jogurt mit Senf und Zitronensaft verrühren, mit Zucker, Salz und Pfeffer würzen
- Die Eier 10 Minuten kochen, pellen, in $\frac{1}{2}$ cm breite Scheiben schneiden und in eine Salatschüssel schichten
- Die Soße und die Speckwürfel darüber verteilen
- Die Brunnenkresseblätter waschen, abtropfen lassen, grob zerkleinern und auf dem Salat anrichten.

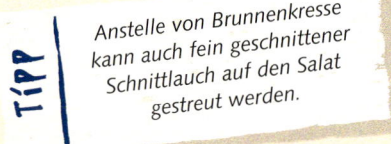

Tipp

Anstelle von Brunnenkresse kann auch fein geschnittener Schnittlauch auf den Salat gestreut werden.

In der Oberlausitz gibt man dem Salat noch mit ein oder zwei sauren Gürkchen Würze.
Bei den Kindern liegen auf dem Abendbrotteller Eierschiffchen. Dafür werden hart gekochte Eier halbiert. Eine Wurstscheibe dient als Segel, einige Gurkenwürfel sind die Fracht und als Fähnchen nimmt man Petersilie.

Rotkohlsalat Bild rechts

Zutaten für 4 Personen

1 kleiner Rotkohl

2 EL Johannisbeergelee
oder -konfitüre

4 EL Zitronensaft

4 EL Sonnenblumenöl

Salz

frisch gemahlener
weißer Pfeffer

2 EL gehackte Nüsse

- Den Rotkohl waschen, den Strunk entfernen und den Kohl in feine Streifen schneiden
- Johannisbeerkonfitüre, Zitronensaft, Öl, Salz, Pfeffer und Nüsse verrühren und mit dem Kraut vermischen
- Vor dem Servieren zugedeckt 1 Stunde ziehen lassen.

TIPP

Entfernen Sie die Hüllblätter des Rotkohls – sie sind hart und können Schadstoffe enthalten. Rotkohl schmeckt weniger „kohlig" als Weißkohl. Man schätzt ihn roh als Salat oder geschmort als Gemüse.

Selleriesalat

Zutaten für 4 Personen

1 Sellerieknolle

6 EL Zitronensaft

1/4 l Jogurt

2 EL Schlagsahne

1 TL Senf

2 EL Sonnenblumenöl

Salz

frisch gemahlener
weißer Pfeffer

- Die Sellerieknolle schälen und im Ganzen in Salzwasser bissfest garen
- Abkühlen lassen, in feine Streifen schneiden und mit 4 EL Zitronensaft beträufeln
- Aus Jogurt, Sahne, Senf, Öl, dem restlichen Zitronensaft, Salz und Pfeffer eine Soße bereiten und über den Sellerie gießen
- Gut vermischen und etwas durchziehen lassen.

Löwenzahnsalat

Zutaten für 4 Personen

150 g junge
Löwenzahnblätter

1 Ei

1 Zwiebel

2 EL gehackter Dill

1/8 l Jogurt

1 EL Sonnenblumenöl

Salz

frisch gemahlener
weißer Pfeffer

4 Zitronenscheiben

- Den Löwenzahn waschen und die Stängel herausschneiden
- Die Blätter in feine Streifen schneiden
- Das Ei 10 Minuten kochen, pellen und fein hacken
- Die Zwiebel schälen und fein würfeln
- Ei und Zwiebel zusammen mit dem Dill unter den Löwenzahn mischen
- Aus Jogurt, Öl, Salz und Pfeffer eine Marinade bereiten und über den Salat gießen
- Mit Zitronenscheiben garniert servieren.

TIPP

Löwenzahn wächst fast überall. Essbar sind die Blüten, die Blätter und sogar die Wurzeln – sie dienten lange Zeit als Kaffeeersatz.
Besonders dekorativ wirkt der Salat, wenn er mit frisch gepflückten und gewaschenen Löwenzahnblüten geschmückt wird.

Bunter Salat

Zutaten für 4 Personen

100 g Spinat

1 Zwiebel

2 Tomaten

5 Radieschen

4 Eier

1 Bd Basilikum

2 EL Weinessig

3 EL Öl

Salz

frisch gemahlener weißer Pfeffer

- Den Spinat verlesen, waschen und trockentupfen
- Die Zwiebel schälen und fein hacken
- Tomaten und Radieschen waschen, trockentupfen und klein schneiden
- Die Eier 10 Minuten kochen, kalt abschrecken, pellen und fein hacken
- Alles vermischen und auf Salattellern verteilen
- Grob zerpflücktes Basilikum darüber streuen
- Essig, Öl, Salz und Pfeffer verrühren und über den Salat gießen
- Sofort servieren.

Zwiebeln sollten Sie immer erst kurz vor der Verwendung schälen und zerkleinern. Um Tränen beim Schälen zu vermeiden, kann man die Zwiebel, die auch Bolle oder Zipolle genannt wird, am offenen Fenster schneiden.
Beim Kauf sollten Sie beachten, dass die Zwiebel prall und trocken ist und keine grünen Spitzen hat. Sie darf sich nicht zu weich anfühlen. Zwiebeln sollte man nicht in Plastiktüten aufbewahren, darin schimmeln sie leicht. Sie wollen kühl, trocken und luftig lagern, am besten in einem Körbchen.

Wurstsalat

Zutaten für 4 Personen

4 Bockwürste

2 Bd Radieschen

100 g Salatgurke

1 Tomate

1/2 Zwiebel

3 EL Öl

3 EL Weinessig

Salz

frisch gemahlener
weißer Pfeffer

- Die Bockwürste in Scheiben schneiden
- Radieschen, Gurke und Tomate putzen, waschen und ebenfalls in Scheiben schneiden, die halbe Zwiebel schälen und fein würfeln
- Alles zusammen in eine Schüssel geben
- Öl, Essig, Salz und Pfeffer verrühren und untermischen
- Vor dem Servieren 1 Stunde durchziehen lassen.

Die Zwiebel hat viele Verwandte. Knoblauch, Schalotte, Schnittlauch, Porree. „Cepula", kleines Köpfchen, heißt das in Sachsen so verehrte Küchenwunder. Es würzt Braten, Bratkartoffeln, Salate. Seine schwefelhaltigen ätherischen Öle regen den Appetit an und fördern die Durchblutung.

Apfelsalat
mit Leber

Zutaten für 4 Personen

500 g Äpfel

Saft von 1 Zitrone

50 g Butterschmalz

300 g Geflügelleber

Salz

1 TL geriebene Zwiebel

1 TL frisch geriebener Meerrettich

2 EL Majonäse

2 EL saure Sahne

frisch gemahlener weißer Pfeffer

1 TL Zucker

- Die Äpfel schälen, erst in Viertel, dann in kleine Würfel schneiden, dabei das Kernhaus entfernen
- Die Apfelwürfel mit Zitronensaft beträufeln
- Das Butterschmalz erhitzen, die Geflügelleber hineingeben, kurz braten, vom Herd nehmen, salzen und klein schneiden
- Mit den Äpfeln vermischen
- Zwiebel, Meerrettich, Majonäse und saure Sahne verrühren, mit Salz, Pfeffer und Zucker würzen und unter den Salat mischen.

Meerrettich wird auch Pfefferwurzel genannt. Er ist besonders in der Oberlausitz und im Vogtland beliebt. Die feurige Wurzel, die für Geschmacksverfeinerung sorgt, hat einen hohen Vitamin-C-Gehalt und ihr Anteil an ätherischen Ölen ist beachtlich. Daher kommt es wohl, dass man ihr heute noch Wunderkräfte zuschreibt. Wer zu ihren Fans gehört, ist garantiert gegen Erkältungskrankheiten gefeit. Meerrettich kann man frisch als ganze Wurzel oder gerieben in Gläsern kaufen.

Bornaer Zwiebelsuppe

Zutaten für 4 Personen

500 g Zwiebeln

1 1/4 l Fleischbrühe

1 TL Kümmel

Salz

frisch gemahlener
weißer Pfeffer

100 g Butter

1 EL Mehl

3 Eigelb

2 EL Schlagsahne

2 EL Schnittlauchröllchen

4 Scheiben Schwarzbrot

1 TL Majoran

- Die Zwiebeln schälen und in dicke Scheiben schneiden
- Die Brühe zum Kochen bringen
- Zwiebeln, Kümmel, Salz und Pfeffer zugeben
- Kurz aufwallen lassen und danach 10 Minuten bei kleiner Hitze garen
- Die Suppe durch ein Sieb streichen oder mit dem Pürierstab pürieren
- Die Hälfte der Butter in einen Topf geben und zerlassen
- Das Mehl zugeben und hellbraun rösten
- Unter ständigem Rühren die Zwiebelsuppe zugießen
- Kurz aufkochen lassen und vom Herd nehmen
- Die Eigelbe mit der Sahne verquirlen und mit den Schnittlauchröllchen zur Suppe geben – die Suppe darf anschließend nicht mehr kochen
- Die Schwarzbrotscheiben teilen
- In einer Pfanne die restliche Butter erhitzen, die Schwarzbrothälften hineingeben und auf beiden Seiten anrösten
- Noch heiß mit Majoran bestreuen und zur Suppe reichen.

Dass die Zwiebel mehr ist als nur ein Bratkartoffelgewürz, hatten die Bornaerinnen schon vor langer Zeit entdeckt. Ja, mehr noch, eine fand heraus, dass die unscheinbare Knolle ein brauchbares Liebesmittel ist. Und es dauerte nicht lange, da brachten die Messebesucher aus Borna die Kunde unter die Leute im nicht weit entfernten Leipzig. Jeder wollte das Wunder an sich ausprobieren. Das erklärt, weshalb die Bornaer Zwiebelsuppe ganz rasch so populär geworden ist.

Gräupchen

Zutaten für 4 Personen

500 g Rindfleisch mit Knochen

100 g getrocknete Pilze

1 Suppengrün (Möhre, Sellerie, Petersilienwurzel)

2 Zwiebeln

Salz

1 EL Majoran

5 zerdrückte Pfefferkörner

200 g Graupen

1 EL Butter

4 EL gehackte Petersilie

- Die Knochen auslösen, in 1 ¼ l kaltem Wasser ansetzen, aufkochen und 30 Minuten kochen lassen
- In der Zwischenzeit die Pilze in etwas Wasser einweichen
- Das Suppengrün putzen, die Zwiebeln schälen und alles grob zerkleinern
- Fleisch, Salz, Gemüse, die Pilze mit dem Einweichwasser und die Gewürze zugeben und alles weitere 30 Minuten kochen lassen
- Die Knochen herausnehmen und die Graupen einstreuen, alles noch weitere 45 Minuten garen
- Die Butter in die Suppe einrühren
- Das Fleisch herausnehmen, in mundgerechte Stücke schneiden und wieder in die Suppe geben
- Mit Petersilie bestreut servieren.

Der sächsischen Nationaldichterin Lene Voigt müssen Gräupchen sehr gemundet haben, denn in ihrer Version von „Hänsel und Gretel" schwimmen sie im Kochtopf der Hexe, die damit die Kinder ins Haus lockt. Hänsel und Gretel „verdilchten in änner halm Schtunde änne Schissel Greibchen, jeder zwee diefe Däller Bieben un hinterhär noch änne ganze Derrine mit Backflaum. Nachherds musste Gredel's Geschärr uffwaschen, un Hänsel wurde in dn Schtall geschickt zum Brigäddschichten. Uff eemal märkte dr Junge, dass'n de Alde von außen eingeriechtelt hatte..."

Leipziger Biersuppe

Zutaten für 4 Personen

125 g Zucker

1 Prise Zimt

125 g Semmelbrösel

1 l Radeberger Pilsner

1/4 l Apfelwein

1/8 l Schlagsahne

- Den Zucker und eine Prise Zimt in $\frac{1}{4}$ l Wasser kurz köcheln
- Die Semmelbrösel einrühren
- Bier und Wein angießen
- Die Suppe erhitzen, aber nicht kochen lassen
- Die Sahne steif schlagen
- Die Suppe auf vorgewärmte Teller füllen, die Sahne leicht unterrühren oder Sahnekleckse auf die Suppe setzen
- Eine Fettbemme (Brot mit Griebenschmalz) dazu reichen.

„Der Leipziger ist ein gutmütiger und ruhiger Mann, der sich am liebsten von Rindfleisch, Gräupchen und Nudeln nährt", kann man in einer Charakteristik über die Leipziger aus dem Jahre 1885 lesen, „... der sich abends mit dem Glockenschlage auf seinen Platz am Stammtisch einfindet, ein sonderbares Kartenspiel, ,Schafskopf' geheißen mit Wonne und Hingebung spielt." Auch heute noch geht der Leipziger gerne in seine Kneipe um die Ecke. Und wenn er dort nicht gerade ins Philosophieren gerät, spielt er ganz bestimmt Skat und stärkt sich nebenbei an einer Biersuppe.

Frühlingssuppe

Zutaten für 4 Personen

1 Bd Suppengrün (Zwiebel, Möhre, Petersilienwurzel)

Salz

1 kg Suppenfleisch

1 Kohlrabi

250 g Möhren

200 g Spargel

1 kleiner Blumenkohl

250 g Erbsenschoten

100 g Butter

1 EL Krebsbutter

2 EL gehackte Petersilie

- Das Suppengrün putzen, waschen und grob zerkleinern, das Fleisch abspülen
- 1 ¼ l Salzwasser zum Kochen bringen, das Suppengrün und das gewaschene Fleisch hineingeben und 2 Stunden köcheln lassen
- Währenddessen Kohlrabi, Möhren und Spargel putzen und zerkleinern
- Den Blumenkohl in Röschen teilen, die Erbsenschoten auspalen
- Jedes Gemüse getrennt in wenig leicht gesalzenem Wasser bissfest garen
- Zu Kohlrabi, Möhren, Spargel und Erbsen jeweils etwas Butter geben
- Das Gemüse mit seinem Kochsud beiseite stellen
- Das gare Suppenfleisch und das Wurzelwerk aus der Suppe nehmen
- Das Fleisch in Würfel schneiden, das Wurzelwerk zerdrücken und beides wieder zur Suppe geben
- Kohlrabi, Möhren, Spargel und Erbsen mit dem Gemüsewasser und die abgetropften Blumenkohlröschen ohne Kochwasser ebenfalls zur Suppe geben
- Kurz erhitzen, dann sofort vom Herd nehmen
- Die Krebsbutter einrühren, die Suppe auf vorgewärmten Tellern anrichten und mit gehackten Kräutern garnieren.

Tipp

Krebsbutter lässt sich leicht selbst herstellen. Man zerstößt und röstet die Schalen von Krebsen, erhitzt sie mit Butter, Salz und Pfeffer und streicht alles durch ein Sieb. Die orangefarbene Butter mit dem kräftigen Krebsgeschmack verfeinert Suppen, Soßen, Gemüse und Fischfilet.

Vogtländische Schwammespalken

Zutaten für 4 Personen

1 kg frische Mischpilze
(Maronen, Rotkappen,
Steinpilze, Perlpilze,
Pfifferlinge)

2 kleine Zwiebeln

125 g durchwachsener
Speck

2 EL Sonnenblumenöl

Salz

frisch gemahlener
weißer Pfeffer

1/2 TL Thymian

1 TL gemahlener Kümmel

1 EL Mehl

1 1/4 l Fleischbrühe

500 g Kartoffeln

2 EL Weinessig

1 EL Zucker

2 EL gehackte Petersilie

- Die Pilze säubern, putzen und klein schneiden
- Die Zwiebeln schälen und fein hacken
- Den Speck in kleine Würfel schneiden
- Öl und Speckwürfel in einen Suppentopf geben und andünsten
- Pilze und Zwiebeln zufügen und ebenfalls andünsten
- Gewürze zugeben, das Mehl darüber stäuben und heiße Fleischbrühe angießen
- Bei milder Hitze 30 Minuten garen
- Die Kartoffeln schälen, in Spalken (Stücke) schneiden und zur Suppe geben
- Weitere 15 Minuten garen
- Mit Weinessig und Zucker süßsauer abschmecken
- Mit Petersilie bestreut servieren.

Der Name Schwammespalken stammt aus dem Vogtland, wo Eintöpfe sehr begehrt sind. In ihnen „schwimmen Spalken", so heißen dort klein geschnittene Kartoffeln, in manchen Orten auch klein geschnittenes Gemüse aller Art.

Oberlausitzer Bohnensuppe

Zutaten für 4 Personen

400 g Kartoffeln

500 g grüne Bohnen

3 Stiele frisches Bohnenkraut

1 l Fleischbrühe

125 g durchwachsener Speck

1 Zwiebel

Salz

frisch gemahlener weißer Pfeffer

2 EL saure Sahne

2 EL gehackte Petersilie

- Die Kartoffeln schälen und grob zerkleinern
- Die Bohnen putzen und in Stücke schneiden
- Kartoffeln, Bohnen und Bohnenkraut in einen Topf geben und die Brühe angießen
- Alles zum Kochen bringen und bei geringer Hitze 25 Minuten garen
- Die Suppe mit einem Mixstab pürieren oder durch ein Sieb streichen
- Den Speck in kleine Würfel schneiden
- Die Zwiebel schälen und fein hacken
- Speck ohne zusätzliches Fett in einer Pfanne anrösten, die Zwiebel zugeben und ebenfalls rösten
- Speckzwiebeln zur Suppe geben
- Mit Salz und Pfeffer abschmecken, die saure Sahne einrühren und mit Petersilie bestreuen.

Kartoffeln heißen in der Oberlausitz Abern (Erdbirnen), Aribbl oder Abum (Erdäpfel). Zu einem der Hauptgerichte, die daraus bereitet werden, gehört die „Mauke", der Kartoffelbrei – oder die „Teichlmauke". Dafür werden die gekochten Kartoffeln klümpchenfrei zerstampft wie für den Kartoffelbrei. Aber anstelle von Milch verrührt man die Kartoffeln mit Fleischbrühe. Damit nicht genug. Sobald der Brei auf dem Teller liegt, wird in die Mitte eine Vertiefung gedrückt und dahinein wird mit Majoran gewürzte Brühe, in der Rindfleischwürfel schwimmen, gegossen. Der so entstandene Teich (Teichl oder Timpl) gab dem Gericht den Namen.

Sorbische Hochzeitssuppe

Zutaten für 4 Personen

Für die Leberklößchen:

200 g Leber

1 Ei

1 Prise Muskat

Salz

frisch gemahlener
schwarzer Pfeffer

2 EL Semmelbrösel

Für die Suppe:

1 Möhre

100 g Sellerieknolle

1 Zwiebel

50 g Schweineschmalz

1 kleiner Blumenkohl

1 1/4 l Fleischbrühe

Salz

50 g Suppennudeln
(Sternchennudeln)

Für den Eierstich:

2 Eier

2 EL süße Sahne

1 EL Butter

Salz

Für die Leberklößchen:
- Die Leber durch den Fleischwolf geben und mit dem Ei, Muskat, Salz, Pfeffer und den Semmelbröseln vermischen, 1 Stunde kalt stellen

Für die Suppe:
- Die Möhre und den Sellerie putzen und zerkleinern, die Zwiebel schälen und fein schneiden
- In einem Topf das Schmalz erhitzen, das Gemüse hineingeben, 10 Minuten andünsten und vom Herd nehmen
- Den Blumenkohl putzen, in Röschen teilen, waschen und gesondert in Salzwasser 10 Minuten garen, dann abgießen und mit kaltem Wasser abschrecken

Für den Eierstich:
- Die Eier mit der Sahne und zerlassener, abgekühlter Butter verquirlen, durch ein Sieb geben und salzen
- In eine Tasse füllen und über heißem Wasserbad zum Stocken bringen, dann auskühlen lassen

- Aus dem Leberteig mit den Händen kirschgroße Klößchen formen
- Die Fleischbrühe erhitzen, Suppennudeln und Leberklößchen hineingeben
- Kurz aufwallen lassen und bei geringer Hitze 15 Minuten köcheln lassen
- Das Sellerie-Möhren-Gemisch und die Blumenkohlröschen zugeben
- Zuletzt den mit einem Teelöffel abgestochenen Eierstich zufügen
- Die Suppe auf vorgewärmten Tellern verteilen und heiß servieren.

Die Sorben, früher auch Wenden genannt, sind eine slawische Minderheit, die in der Oberlausitz um Bautzen sowie in der Niederlausitz zwischen Spreewald und Cottbus lebt. Sie haben eine eigene Tracht, kulturelle Selbstständigkeit, eigenständige Bräuche und sogar eine eigene Sprache. Die Sorben zählen heute etwa 100 000 Bürger.

Krauttopf

Zutaten für 4 Personen

750 g Weißkohl

2 Zwiebeln

1 l Fleischbrühe

Salz

frisch gemahlener weißer Pfeffer

2 EL Butter

1/8 l Weißwein

2–3 EL Weinessig

1 Prise gemahlene Nelken

1 Prise Muskat

1–2 EL Zucker

4 Schwarzbrotscheiben

- Den Weißkohl putzen, waschen und klein schneiden
- Die Zwiebeln pellen und fein schneiden
- Weißkohl, Zwiebeln, Fleischbrühe, Salz, Pfeffer und Butter in einen Topf geben, zum Kochen bringen und 20 Minuten köcheln lassen
- Weißwein, Essig, die restlichen Gewürze und den Zucker unterrühren
- Zugedeckt weitere 10 Minuten garen
- Auf vorgewärmte Teller füllen und die Schwarzbrotscheiben dazu reichen.

Weißkohl ist ein gern gesehenes Gemüse in Sachsen. Man bereitet daraus Suppen, Eintöpfe, Salat oder Krautrouladen mit einer kräftigen Fleischfüllung. Nicht minder beliebt ist der Rotkohl (siehe S. 52), der vor allem als leckeres und aromatisches Gemüse zu Griegenifften (siehe S. 60) und Gänsebraten gehört.

Kartoffelsuppe

Zutaten für 4 Personen

500 g Kartoffeln

250 g frisches Gemüse (Möhren, Kohlrabi, Blumenkohl)

30 g Butter

1 EL Mehl

1 1/4 l Brühe

Salz

frisch gemahlener weißer Pfeffer

1 TL Majoran

4 Bockwürste

2 EL gehackte Petersilie

- Die Kartoffeln schälen und in Würfel schneiden
- Das Gemüse putzen und fein schneiden
- Die Butter zerlassen, das Mehl darin anschwitzen, nach und nach unter Rühren die Brühe zugießen
- Kartoffeln, Gemüse und Gewürze zugeben
- Bei milder Hitze etwa 20 Minuten garen
- Die Würste in Scheiben schneiden, zugeben und noch weitere 5 Minuten garen
- Mit gehackter Petersilie bestreuen
- Auf vorgewärmte Teller füllen und sofort servieren.

Tipp

Die Kartoffel ist ein Nachtschattengewächs. Unreife Stellen und Kartoffelkeime enthalten giftiges Solanin. Deshalb sollten Sie alle grünen Stellen und das Fruchtfleisch rund um die Keime entfernen.

Meißner Weinsuppe

Zutaten für 4 Personen

100 g Zucker

1 Prise Salz

1 Stück frischer Ingwer

1 Stück Zimtrinde

80 g Butter

2 EL Mehl

1 Flasche trockener Weißwein

4 Eier

Löffelbiskuits

- Zucker und Gewürze in einen Topf geben
- $1/4$ l Wasser zugießen, zum Kochen bringen und 20 Minuten köcheln lassen
- Anschließend durch ein Sieb gießen
- In einem anderen Topf die Butter erhitzen, das Mehl zugeben und unter Rühren hellgelb anschwitzen
- Die durchgesiebte Brühe unterrühren, den Wein angießen, alles erhitzen, aber nicht kochen lassen
- Vom Herd nehmen
- Die Eier trennen
- Die Eigelbe in die Suppe rühren, das Eiweiß steif schlagen und mit einem Teelöffel als Flocken auf die Suppe setzen
- Zusammen mit den Löffelbiskuits servieren.

Die Sachsen lieben ihren Elbtalwein! Fleißige Hobbywinzer sorgen alljährlich für eine gute Ernte von Goldriesling, Gutedel, Scheurebe, Bacchus und Morio-Muskat. Köstliche Tropfen gießt man aber nicht einfach nur ins Glas und durch die Kehle, sondern verfeinert damit auch manche Speise.

Leipziger Allerlei

Zutaten für 4 Personen

200 g Möhren

200 g Spargel

200 g Prinzessbohnen

200 g Morcheln

1 Blumenkohl (300 g)

1/4 l Milch

200 g Butter

Salz

1 EL Zucker

1 Bd Petersilie

2 EL Krebsbutter (siehe Tipp S. 36)

8–12 Krebsschwänze von gegarten Flusskrebsen

- Möhren, Spargel, Bohnen, Morcheln und Blumenkohl putzen
- Die Morcheln kurz mit heißem Wasser überbrühen
- Spargel und Bohnen in Stücke, Möhren und Morcheln in feine Scheiben schneiden, den Blumenkohl in kleine Röschen teilen
- Zu $\frac{1}{4}$ l Wasser die Milch gießen und die Blumenkohlröschen hineingeben, zum Kochen bringen und 10 Minuten bei geringer Hitze bissfest garen
- 50 g Butter zerlassen und die Morcheln darin 10 Minuten andünsten
- Möhren in Salzwasser mit dem Zucker, Spargel und Bohnen jeweils getrennt in Salzwasser 10 Minuten bissfest garen
- Petersilie waschen und abtropfen lassen
- Die restliche Butter zerlassen und salzen
- Die Krebsbutter davon getrennt ebenfalls zerlassen
- Die Krebsschwänze aus der Schale nehmen und entweder kalt lassen oder kurz in Butter schwenken und erwärmen
- Das Gemüse ohne die Morcheln in der Butter schwenken und auf einer Platte anrichten
- Die Morcheln auf das Gemüse legen und alles mit der zerlassenen Krebsbutter überglänzen
- Das Gemüse mit Petersiliensträußchen dekorieren und die Krebsschwänze auf dem Gemüse anrichten.

Flusskrebse, die auch als Edel- oder Tafelkrebse bezeichnet werden, waren früher in sächsischen Gewässern weit verbreitet und kamen häufig auf den Tisch. Da sie jedoch sehr sauberes Wasser benötigen, sind sie in freier Natur fast überall ausgestorben. Daher sind sie heute nur im Fachgeschäft erhältlich. In guten Restaurants und in der gehobenen Bürgerküche gehören Krebsschwänze einfach zum Leipziger Allerlei dazu.

Apfel-Birnen-Rotkohl

Zutaten für 4 Personen

125 g Rosinen

1 kg Rotkohl

100 g Butterschmalz

Salz

4 EL Zucker

6 EL Weinessig

6 EL Rotwein

2 Äpfel

2 Birnen

1 EL Butter

4 EL Preiselbeeren

- Die Rosinen in etwas Wasser einweichen
- Den Rotkohl putzen, waschen und in feine Streifen schneiden
- In einem Topf das Butterschmalz erhitzen, das Kraut hineingeben und andünsten
- Salz, Zucker, Essig und Rotwein verrühren, eine Tasse Wasser zugeben und alles zum Rotkraut geben
- 25 Minuten garen
- Die Äpfel schälen und das Kernhaus entfernen, dann in kleine Würfel schneiden
- Die Äpfel und die abgetropften Rosinen zum Rotkraut geben und alles weitere 5 Minuten garen
- Die Birnen schälen, halbieren und das Kernhaus herausschneiden
- Die Butter erhitzen, die Birnenhälften darin schwenken und herausnehmen
- Preiselbeeren in die Höhlung füllen
- Das Rotkraut in eine Schüssel füllen und die Birnenhälften darauf anordnen.

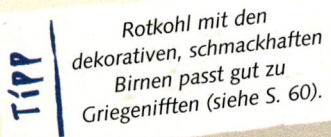

TIPP

Rotkohl mit den dekorativen, schmackhaften Birnen passt gut zu Griegenifften (siehe S. 60).

Gefüllte Zwiebeln

Zutaten für 4 Personen

1/2 Semmel

4 große Zwiebeln (Gemüsezwiebeln)

1 l Fleischbrühe

300 g Hackfleisch (halb Rind, halb Schwein)

Salz

frisch gemahlener weißer Pfeffer

1 Ei

1/2 TL abgeriebene unbehandelte Zitronenschale

1 Bd Petersilie

2 EL Reibekäse

3 EL Butter

- Die Semmel in kaltem Wasser einweichen
- Die Zwiebeln schälen, in einen Topf geben, die Brühe angießen, alles zum Kochen bringen und 10 Minuten garen
- Die Zwiebeln herausnehmen und halbieren
- Etwas vom Inneren herauslösen und fein hacken
- Das Hackfleisch in eine Schüssel geben und mit Salz, Pfeffer, dem Ei, der Zitronenschale und der ausgedrückten Semmel vermischen
- Den Backofen auf 200 °C (Umluft 180 °C, Gas Stufe 3) vorheizen
- Die Petersilie waschen, trockentupfen und fein schneiden
- Petersilie und das Innere der Zwiebeln unter die Fleischmasse mischen
- Die Masse in die ausgehöhlten Zwiebeln geben
- Eine Auflaufform mit 1 EL Buttern fetten, die Zwiebeln hineinsetzen und etwas Brühe angießen
- Im vorgeheizten Backofen 10 Minuten garen
- Den Käse auf den Auflauf streuen, Butterflöckchen aus der restlichen Butter darauf setzen und das Gericht weitere 10 Minuten überbacken.

Tipp

Dazu schmecken Petersilienkartoffeln oder Kartoffelbrei.
Zwiebeln enthalten wertvolle Vitamine (vor allem Vitamin C und B) und Mineralien (Phosphor und schwefelhaltige Öle), die blutreinigend wirken. Seit Urzeiten sind sie ein Hausmittel gegen Husten und Heiserkeit.

Stötteritzer Hemdbohnen

Zutaten für 4 Personen

1 kg grüne Bohnen

Salz

6 Eier

**frisch gemahlener
weißer Pfeffer**

2 EL Mehl

**Butterschmalz
zum Frittieren**

- Die Bohnen putzen und waschen, mit Salzwasser bedeckt zum Kochen bringen und 10 Minuten garen
- Herausnehmen und gut abtropfen lassen
- Jeweils 5 Bohnen mit Küchengarn zusammenbinden
- Das Butterschmalz in einem Topf erhitzen, bis sich an einem hineingehaltenen Holzlöffelstiel Blasen bilden – dann stimmt die Temperatur
- Währenddessen die Eier trennen, die Eigelbe mit Salz und Pfeffer verrühren und das Mehl unterquirlen
- Das Eiweiß steif schlagen und unter den Teig ziehen
- Die verschnürten Bohnen in den Teig tauchen und im erhitzten Butterschmalz ausbacken.

In Sachsen mag man Bohnen als Gemüseknabberei, in Teig verpackt, zum Bier, aber auch als Beilage zu Fleischgerichten oder als Eintopf. Im Leipziger Raum und im Erzgebirge wird Gemüse mit Vorliebe püriert, während im Vogtland Spalken (Stückchen) zu sehen sein müssen. In der Oberlausitz gehören Bohnen als Beilage zum Kartoffelsalat und in der ganzen Region mag man sie als Salat, pikant und immer süß-sauer gewürzt.

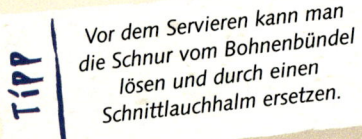

Tipp: Vor dem Servieren kann man die Schnur vom Bohnenbündel lösen und durch einen Schnittlauchhalm ersetzen.

Blumenkohlröschen
in Schinkensoße

Zutaten für 4 Personen

1 Blumenkohl

Salz

125 g Schinkenspeck

30 g Butterschmalz

1 EL Mehl

1/2 l Milch

1/8 l Brühe

200 g gekochter Schinken

2 Bd Schnittlauch

frisch gemahlener
weißer Pfeffer

2 EL Zitronensaft

2 Eigelb

- Den Blumenkohl putzen, waschen, in Röschen teilen und in Salzwasser 15 Minuten garen
- Inzwischen den Schinkenspeck in kleine Würfel schneiden und kross ausbraten, herausnehmen und beiseite stellen
- In dem Schinkenfett das Butterschmalz zerlassen, das Mehl einrühren und kurz durchschwitzen
- Milch und Brühe nach und nach unter Rühren zugießen, aufkochen lassen und dann bei kleiner Hitze 10 Minuten köcheln
- Den gekochten Schinken in feine Streifen schneiden, den Schnittlauch in Röllchen schneiden
- Beides zur Soße geben und 5 Minuten darin ziehen lassen
- Mit Salz, Pfeffer und Zitronensaft abschmecken, dann vom Herd nehmen
- Die Eigelbe verquirlen und unter die Soße ziehen
- Die Blumenkohlröschen mit einem Schaumlöffel herausnehmen und auf vorgewärmten Tellern anrichten, die Soße darüber gießen und Schinkenspeckwürfel auf das Gemüse streuen
- Petersilienkartoffeln dazu reichen.

Griegeniffte
Grüne Klöße auf vogtländische Art

Zutaten für 4 Personen

3 kg Kartoffeln (mehlig kochend)

4 Semmeln

80 g Butter

Salz

1/8 l Milch

evtl. etwas Kartoffelstärke

- 500 g Kartoffeln in der Schale in Salzwasser gar kochen
- Währenddessen die Semmeln in kleine Würfel schneiden, in der Butter goldbraun rösten und etwas salzen
- Die restlichen rohen Kartoffeln schälen, fein reiben und in einem Tuch gut auspressen
- Das aufgefangene Wasser beiseite stellen, damit sich die Stärke absetzen kann
- Die Milch zum Kochen bringen und über die Kartoffelmasse gießen
- Die gekochten Kartoffeln pellen und noch warm durch die Kartoffelpresse geben
- Beide Kartoffelmassen miteinander vermischen
- Die Kartoffelmasse salzen und von dem beiseite gestellten Kartoffelwasser etwas Stärke zufügen
- Darauf achten, dass die Kartoffelmasse geschmeidig ist, eventuell noch etwas Kartoffelstärke hinzufügen
- In einem großen Topf Wasser mit etwas Salz zum Kochen bringen
- Aus dem Teig Klöße formen, dabei in die Mitte einige geröstete Semmelwürfel geben
- Die Klöße in kochendes Salzwasser einlegen; die Klöße müssen Platz haben, sie dürfen sich nicht berühren
- Kurz aufwallen lassen, danach 20 Minuten bei milder Hitze ziehen lassen
- Die Klöße pyramidenförmig in einer Schüssel anrichten.

Griegeniffte sind Vogtlands grüne Klöße. Niffen heißt reiben. Für Kenner sind sie nicht Beilage, sondern Hauptgericht – aber nur mit viel Soße. Klöße muss man didschen können! Von den berühmten thüringischen Klößen unterscheiden sie sich weder im Aussehen noch im Geschmack, wohl aber durch eine Kleinigkeit bei der Zubereitung. Die Vogtländer geben an ihre rohe Kloß-masse heiße Milch, die Thüringer dagegen heißen Kartoffelbrei.

Tipp

Griegeniffte passen zu Sauerbraten (siehe S. 68), aber auch zu Gänse-, Kaninchen- oder Wildbraten.

Eigeschnietene

Zutaten für 4 Personen

500 g Kartoffeln (fest kochend)

100 g durchwachsener Speck

1 Zwiebel

50 g Butterschmalz

Salz

frisch gemahlener weißer Pfeffer

1 EL gerebelter Majoran

- Die Kartoffeln in der Schale gar kochen, abgießen, pellen und in gleichmäßige Scheiben schneiden
- Den Speck in kleine Würfel schneiden
- Die Zwiebel schälen und fein hacken
- In einer Pfanne das Butterschmalz erhitzen, die Speckwürfel darin kross braten, die Kartoffeln mit den Zwiebelstückchen darüber schichten und knusprig braten
- Mit Salz, Pfeffer und Majoran würzen.

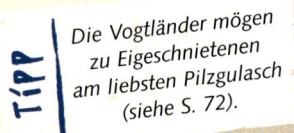

TIPP

Die Vogtländer mögen zu Eigeschnietenen am liebsten Pilzgulasch (siehe S. 72).

Wickelklöße

Zutaten für 4 Personen

800 g Kartoffeln (mehlig kochend)

300 g Mehl

2 Eier

1 TL Backpulver

Salz

100 ml Milch

1 kg durchwachsener Speck

100 g Semmelbrösel

1 l klare Fleischbrühe

4 EL Schnittlauchröllchen

- Die Kartoffeln in der Schale gar kochen, abgießen, pellen und noch warm durch die Kartoffelpresse drücken
- Mehl, Eier, Backpulver und Salz zugeben und einen geschmeidigen und glatten Teig bereiten
- Die Milch nach und nach zugeben, dabei darauf achten, dass der Teig nicht zu fest wird
- Den Teig zu einem 1 cm dicken Quadrat ausrollen
- Den Speck in kleine Würfel schneiden und kross ausbraten, dann abkühlen lassen
- Die abgetropften Speckwürfel auf der Teigplatte verteilen und Semmelbrösel aufstreuen
- Die Teigplatte aufrollen und in 4 cm dicke Scheiben schneiden
- Aus den Scheiben mit den Händen runde Klöße formen
- Die Fleischbrühe erhitzen, die Wickelklöße hineingeben und 20 Minuten bei milder Hitze ziehen lassen
- Mit einem Schaumlöffel herausnehmen, abtropfen lassen, in eine Schüssel füllen und mit dem Speckfett übergießen
- Mit Schnittlauchröllchen bestreut servieren.

Tipp

Wickelklöße passen zu Sauerbraten (siehe S. 68), Bierfleisch (siehe S. 74), Pilzgulasch (siehe S. 72) und Senfbraten (siehe S. 80).

Jägerklöße

Zutaten für 4 Personen

200 g Waldpilze

1 Zwiebel

20 g Butterschmalz

1,5 kg Kartoffeln (mehlig kochend)

250 g Stärkemehl

Salz

frisch gemahlener weißer Pfeffer

1/4 l Milch

3 EL gehackte Petersilie

- Die Pilze putzen, waschen und fein schneiden
- Die Zwiebel schälen und fein hacken
- In einem Topf das Butterschmalz erhitzen, Zwiebeln und Pilze hineingeben und 20 Minuten dünsten
- Die Kartoffeln in der Schale gar kochen, abgießen, pellen und noch warm durch die Kartoffelpresse in eine Schüssel drücken
- Stärkemehl, Salz, Pfeffer und kochend heiße Milch zugeben und alles verrühren
- Die Pilzmischung und die Petersilie untermengen und aus dem Teig Klöße formen
- Salzwasser zum Kochen bringen, die Klöße hineingeben und 15 Minuten darin ziehen lassen
- Mit einem Schaumlöffel herausnehmen, abtropfen lassen und in einer Schüssel anrichten.

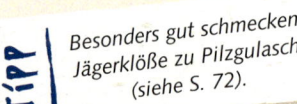

TIPP
Besonders gut schmecken
Jägerklöße zu Pilzgulasch
(siehe S. 72).

Sauerbraten

Zutaten für 4 Personen

Für die Marinade:

1/4 l Rotwein

1/4 l Weinessig

1 EL Zwiebelwürfel

1 Lorbeerblatt

3 Nelken

5 Pfefferkörner

Für das Fleisch:

1 kg Rindfleisch

Salz

frisch gemahlener weißer Pfeffer

100 g Speck

1 Zwiebel

1 Bd Suppengrün

1/8 l heiße Fleischbrühe

1/8 l Schlagsahne

1 EL Mehl

1 Prise Zucker

Für die Marinade:

- Den Rotwein und den Essig in einen Topf gießen und $\frac{1}{4}$ l Wasser, die Zwiebelwürfel, das Lorbeerblatt, die Nelken und die Pfefferkörner zufügen
- Alles zum Kochen bringen, mehrmals aufwallen lassen, vom Herd nehmen und auskühlen lassen

Für das Fleisch:

- Das Fleisch waschen, trockentupfen und in eine Schüssel geben
- Das Fleisch mit der Marinade begießen
- Zugedeckt im Kühlschrank 2 Tage durchziehen lassen, dabei mehrmals wenden
- Das Fleisch aus der Marinade nehmen, trockentupfen und mit Salz und Pfeffer einreiben, $\frac{1}{4}$ l von der Marinade beiseite stellen
- Den Speck in kleine Würfel schneiden, in einen Topf geben und die Speckwürfel darin bei mittlerer Hitze glasig werden lassen, das Fleisch zugeben und ringsum anbraten
- Die Zwiebel schälen und fein hacken, das Suppengrün putzen, waschen und grob zerkleinern
- Zwiebel und Suppengrün in den Fleischtopf geben und 10 Minuten mitbraten
- Fleischbrühe und die beiseite gestellte Marinade angießen, dann alles zugedeckt 90 Minuten garen
- Das Fleisch herausnehmen und warm stellen
- Die Soße durch ein Sieb streichen, Sahne und Mehl verrühren und die Soße damit binden, mit Salz, Pfeffer und Zucker abschmecken.

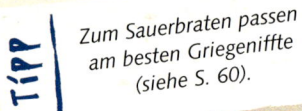

TIPP Zum Sauerbraten passen am besten Griegeniffte (siehe S. 60).

Schweinskeule
mit Bier

Zutaten für 4 Personen

1 kg Schweinskeule

50 g Butterschmalz

2 Zwiebeln

Salz

frisch gemahlener
schwarzer Pfeffer

1/8 l Fleischbrühe

1/4 l Pilsner

3 EL geriebenes
Schwarzbrot

1 Knoblauchzehe

1/2 TL gemahlener Kümmel

5 EL Schlagsahne

- Das Fleisch waschen, trockentupfen und in Würfel schneiden
- In einem Topf das Butterschmalz erhitzen, das Fleisch hineingeben und ringsum anbraten
- Die Zwiebeln schälen, zerkleinern und zum Fleisch geben
- Mit Salz und Pfeffer würzen
- Die Brühe angießen und das Fleisch 60 Minuten schmoren
- Während des Schmorens nach und nach das Bier angießen
- Zuletzt das Schwarzbrot, die ausgepresste Knoblauchzehe, den Kümmel und die Sahne einrühren, nochmals kurz aufkochen lassen und servieren.

Die Sachsen sind (nach den Bayern) Vizemeister im Biertrinken. Auch in der Braukunst stehen sie ganz oben! Die älteste Brauerei entstand 1483 im vogtländischen Treuen. Im Brauerei-Handwerk ist der Einfluss der böhmischen Nachbarn (wo das berühmte Pils herkommt) unverkennbar. Der traditionsreichen Brauerei in Radeberg gelang es als erster deutscher Brauerei überhaupt, Pilsner herzustellen. Die erste deutsche Aktien-brauerei kann die Elbmetropole Dresden verbuchen. Im Jahre 1836 wurde dort „Die Societätsbrauerei Waldschlösschen zu Dresden" aus der Taufe gehoben.

Pilzgulasch
auf vogtländische Art

Zutaten für 4 Personen

750 g Wildfleisch

50 g Butterschmalz

250 g Zwiebeln

2 Knoblauchzehen

Salz

frisch gemahlener schwarzer Pfeffer

1/2 l Fleischbrühe

750 g Mischpilze (Maronen, Steinpilze, Rotkappen, Birkenpilze, Pfifferlinge)

2 EL gehackte Petersilie

2 EL Mehl

1/8 l Schlagsahne

Lauchzwiebeln zum Garnieren

- Das Fleisch in Würfel schneiden
- In einem Topf das Butterschmalz erhitzen, die Fleischwürfel hineingeben und ringsum anbraten
- Die Zwiebeln schälen, in Scheiben schneiden, zum Fleisch geben und mitbräunen
- Knoblauchzehen schälen, fein hacken und auch dazugeben
- Mit Salz und Pfeffer würzen, die Fleischbrühe angießen und alles zugedeckt 60 Minuten schmoren lassen
- Die Pilze putzen, säubern und klein schneiden, zusammen mit der Petersilie zum Fleisch geben
- Noch weitere 30 Minuten garen
- Das Mehl mit der Sahne verquirlen, einrühren und kurz aufkochen lassen
- Lauchzwiebeln klein schneiden und auf das Gericht streuen

Tipp

Zum Pilzgulasch isst der Sachse gerne Griegeniffte (siehe S. 60), Jägerklöße (siehe S. 66), Bambes (siehe S. 98) oder Handwerksbürschle (siehe S. 74).

Wernesgrüner Bierfleisch
mit Bambes

Zutaten für 4 Personen

Für das Bierfleisch:

2 Zwiebeln

2 EL Öl

750 g Schweinefleisch (Schulterstück)

Salz

frisch gemahlener schwarzer Pfeffer

1 TL Kümmel

1 EL Mehl

1/4 l Fleischbrühe

1/4 l Pilsner

2 Äpfel

50 g Butterschmalz

2 EL gehackte Petersilie

Für die Bambes:

Siehe Rezept S. 98

Für das Bierfleisch:

- Die Zwiebeln schälen und fein hacken, das Öl erhitzen, die Zwiebeln hineingeben und andünsten
- Das Fleisch waschen, trockentupfen, in kleine Würfel schneiden und zusammen mit Salz, Pfeffer und Kümmel zu den Zwiebeln geben; Fleisch mit Mehl bestäuben, Fleischbrühe und Bier angießen
- 90 Minuten köcheln lassen
- Während das Fleisch kocht, die Bambes wie auf Seite 98 beschrieben zubereiten
- Von den Äpfeln das Kerngehäuse ausstechen, die Äpfel schälen und in Ringe schneiden
- Butterschmalz erhitzen, die Ringe hineingeben und 2 Minuten braten, anschließend warm stellen
- Das Bierfleisch mit Petersilie bestreuen und zusammen mit den knusprigen Bambes und den Apfelringen servieren.

Variante

Anstelle von Bambes mögen die Sachsen auch Handwerksbürschle dazu. Das Rezept ist ganz einfach:

- 4 Semmeln, 80 g Butter, 1 kg Kartoffeln (mehlig kochend), Salz, 2 Eier, 1 EL Kartoffelmehl, 1 EL gehackte Zwiebel, 1 Knoblauchzehe, Leinöl zum Ausbacken
- Die Semmeln in kleine Würfel schneiden. In einer Pfanne die Butter erhitzen, die Semmelwürfel darin goldbraun braten. Die Kartoffeln schälen und fein reiben. Die Masse ausdrücken und mit dem Salz, den Eiern, dem Stärkemehl, der Zwiebel und der ausgedrückten Knoblauchzehe zu einem festen, aber weichen Teig vermischen. Zuletzt die Semmelwürfel untermengen. In einer Pfanne das Leinöl erhitzen, die Kartoffelmasse portionsweise hineingeben, die Puffer auf beiden Seiten goldbraun braten.

Rindskeule
mit Morcheln

Zutaten für 4 Personen

1,5 kg Rindfleisch
aus der Keule

Salz

frisch gemahlener
weißer Pfeffer

50 g getrocknete Morcheln

2 Zwiebeln

50 g Butterschmalz

1/8 l Rotwein

1/8 l Fleischbrühe

100 ml Schlagsahne

1 EL Mehl

- Das Fleisch waschen, trockentupfen und mit Salz und Pfeffer einreiben
- Die Morcheln in $\frac{1}{4}$ l warmem Wasser einweichen
- Die Zwiebeln schälen und fein hacken
- In einem Topf das Butterschmalz erhitzen, das Fleisch hineingeben und ringsum anbraten
- Die Zwiebeln zugeben, den Rotwein angießen und zugedeckt 30 Minuten schmoren
- Fleischbrühe und die Morcheln mit der Flüssigkeit zugeben
- Weitere 60 Minuten köcheln lassen
- Das Fleisch herausnehmen und warm stellen
- Die Sahne mit dem Mehl verquirlen und die Soße damit binden
- Das Fleisch in Scheiben schneiden und mit der Soße servieren.

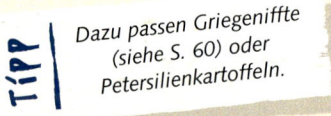

Tipp
Dazu passen Griegeniffte (siehe S. 60) oder Petersilienkartoffeln.

Butterschmalz wurde schon von unseren Großmüttern mit Vorliebe zum Braten verwendet. Butterschmalz ist geklärte Butter, der Wasser und Eiweiß entzogen werden. Es kann bis auf 180 °C erhitzt werden ohne zu verbrennen.

Oberlausitzer Gewiegtesbrutl

Zutaten für 4 Personen

2 mittelgroße Kartoffeln (mehlig kochend)

1 Zwiebel

500 g Hackfleisch (halb Rind, halb Schwein)

Salz

frisch gemahlener weißer Pfeffer

1/2 TL Kümmel

1/2 TL Senf

Butterschmalz zum Braten

- Die Kartoffeln in der Schale gar kochen, pellen und reiben
- Die Zwiebel schälen und fein hacken
- Das Hackfleisch in eine Schüssel geben, Kartoffeln, Zwiebel, Salz, Pfeffer, Kümmel und Senf zufügen und alles gut vermischen
- Aus dieser Masse Klößchen formen
- Das Butterschmalz erhitzen, die Klößchen darin ringsum knusprig braten

Variante:

- Gewiegtesbrutl mag man auch gern schwimmend in einer Soße. Die Fleischmasse wird dann noch mit 100 g fein gehacktem Hering und 10 zerkleinerten Kapern verfeinert, ehe pflaumengroße Klößchen geformt werden. Aus 40 g Butter und 2 EL Mehl bereitet man eine Mehlschwitze, gießt $1/2$ l Fleischbrühe zu und lässt die Klößchen darin 15 Minuten ziehen. Danach wird die Soße noch kräftig mit Kräuteressig und Senf abgeschmeckt.

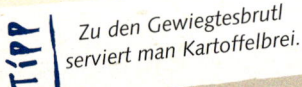

TIPP *Zu den Gewiegtesbrutl serviert man Kartoffelbrei.*

Elbtaler Senfbraten

Zutaten für 4 Personen

1,5 kg Schweinerollbraten

Salz

frisch gemahlener
schwarzer Pfeffer

2 EL mittelscharfer Senf

2 EL Sonnenblumenöl

2 Zwiebeln

1 Bd Suppengrün (Möhre,
Sellerie, Petersilienwurzel)

4 Gewürznelken

1/8 l Fleischbrühe

1/4 l Elbtalwein (Riesling)

3 EL saure Sahne

- Das Fleisch waschen und trockentupfen, mit Salz und Pfeffer einreiben, mit Senf bestreichen, aufrollen und zusammenbinden
- In einem Topf das Öl erhitzen, den Rollbraten hineingeben und ringsum anbraten
- Die Zwiebeln schälen und fein hacken
- Das Suppengrün putzen, waschen und grob zerkleinern
- Zusammen mit den Gewürznelken zum Fleisch geben und die Brühe angießen
- Zugedeckt 30 Minuten köcheln lassen
- Den Wein angießen und weitere 60 Minuten garen
- Das Fleisch herausnehmen und warm stellen
- Die Soße pürieren und die saure Sahne einrühren
- Den Braten in Scheiben schneiden und mit der Soße servieren.

Tipp

Dazu passen Kartoffelklöße (Griegeniffte, siehe S. 60), Wickelklöße (siehe S. 64) oder Jägerklöße (siehe S. 66).

Sächsischer Gänsebraten

Zutaten für 4–6 Personen

1 küchenfertige Gans (etwa 3 kg)

Salz

2 Zweige Beifuß

4 säuerliche Äpfel

1 EL Speisestärke

100 ml Schlagsahne

- Backofen auf 200 °C (Umluft 180 °C, Gas Stufe 3) vorheizen
- Eine Deckelpfanne etwa 3 cm hoch mit Wasser füllen und das Wasser im Backofen zum Kochen bringen
- Die Gans innen und außen mit Salz einreiben, die Beifußzweige in die Bauchhöhle stecken
- Die Äpfel waschen und im Ganzen ebenfalls in den Gänsebauch geben
- Die Gans in die Deckelpfanne legen und zugedeckt im Backofen etwa 2 $\frac{1}{2}$ Stunden garen, ab und zu etwas Wasser angießen und den Braten während der Garzeit mehrmals mit dem Bratfond begießen
- Die Gans nach der Hälfte der Bratzeit in der Schwanzgegend einstechen, damit das Fett ablaufen kann und ab und zu Fett aus der Pfanne abschöpfen
- Am Ende der Bratzeit den Deckel abnehmen, die Gans mit kaltem Salzwasser einpinseln und noch weitere 15 Minuten knusprig bräunen
- Die Gans herausnehmen und tranchieren, das Fleisch warm stellen
- Die Sauce durch ein Sieb in einen Topf gießen, entfetten, erhitzen und mit der kalt angerührten Speisestärke binden, zuletzt die Sahne einrühren.

Tipp

Dazu gehören auf jeden Fall Kartoffelklöße (siehe S. 60). Nach Belieben können Sie auch Rotkraut dazu servieren. Mancherorts wird außerdem eine halbe gedünstete Birne, gefüllt mit Preiselbeeren, dazu gereicht.

Scherbelberger Spatz
auf Specksauerkraut

Zutaten für 4 Personen

Für das Fleisch:

1 Bd Suppengrün (Möhre, Sellerie, Petersilienwurzel)

2 gepökelte Schweinshaxen

10 Pfefferkörner

1 Lorbeerblatt

1/4 l Pilsner

1/4 l Brühe

1 EL Butter

1 EL Mehl

Salz

frisch gemahlener Pfeffer

Für das Sauerkraut:

1 Zwiebel

1 EL Butterschmalz

1 kg Sauerkraut

6 Wacholderbeeren

1 Lorbeerblatt

2 EL Kümmel

1 TL Zucker

1 Bd Suppengrün

300 g durchwachsener Speck

1/4 l Fleischbrühe

Für das Fleisch:

- Das Suppengrün putzen, waschen und grob zerkleinern
- Mit dem Fleisch, Pfefferkörnern und Lorbeerblatt gut mit Wasser bedeckt zum Kochen bringen und 2 Stunden köcheln lassen
- Das Fleisch herausnehmen, auf ein Backblech legen und im vorgeheizten Backofen bei 200 °C (Umluft 180 °C, Gas Stufe 3) 10 bis 20 Minuten knusprig braten
- Zwischendurch mehrmals mit Bier begießen, dann herausnehmen und warm stellen
- Die Brühe erhitzen, den Bratensatz und das restliche Bier einrühren
- Die Butter zerlassen, vom Herd nehmen, das Mehl darin verrühren, nach und nach zur Brühe gießen und diese damit binden, kurz aufkochen lassen und eventuell mit Salz und Pfeffer abschmecken

Für das Sauerkraut:

- Die Zwiebel schälen, in kleine Würfel schneiden und im Butterschmalz andünsten
- Sauerkraut, Gewürze und das geputzte, zerkleinerte Suppengrün zugeben, den Speck obenauf legen und die Brühe angießen
- Alles zum Kochen bringen und 45 Minuten köcheln lassen

- Mit dem Scherbelberger Spatz servieren.

Dieses Gericht hat seinen Namen von Leipzigs einzigem Berg erhalten. Nach dieser kräftigen Mahlzeit hat man dann genügend Kraft, diesen Berg, auf den die Leipziger so stolz sind, zu besteigen.

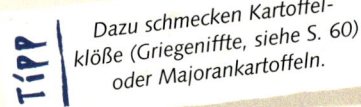

TIPP Dazu schmecken Kartoffel-klöße (Griegeniffte, siehe S. 60) oder Majorankartoffeln.

Koteletts
in Kümmelsoße

Zutaten für 4 Personen

4 Schweinekoteletts
á 200 g

Salz

Pfeffer

50 g Bratenfett

1 Zwiebel

60 g Butter

2 TL Kümmel

1/8 l Weißwein

1/4 l Fleischbrühe

2 Eigelb

100 ml dunkles Bier

- Die Koteletts an den Rändern zwei- bis dreimal einschneiden
- Auf beiden Seiten mit Salz und Pfeffer würzen
- In einer Pfanne das Fett erhitzen und das Fleisch auf jeder Seite 5 Minuten braten, dann herausnehmen und warm stellen
- Das Bratenfett abgießen
- Die Zwiebel schälen und in kleine Würfel schneiden
- In einer Pfanne 30 g Butter erhitzen, Zwiebel und Kümmel hineingeben und kurz anschwitzen
- Weißwein und Fleischbrühe zugießen
- Alles auf die Hälfte einkochen und anschließend durch ein Sieb gießen
- Die restliche Butter einrühren und warm stellen
- Eigelbe und Bier im Wasserbad mit einem Schneebesen zu einer Creme aufschlagen und unter die Kümmelsoße ziehen, die Soße abschmecken
- Die Koteletts auf vorgewärmte Teller geben und die Soße darüber gießen.

Kümmel hat einen herben, würzigen Geschmack. Er macht viele Speisen bekömmlicher und er schmückt und würzt herzhaftes Backwerk.

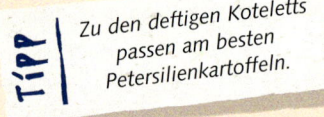

TIPP | Zu den deftigen Koteletts passen am besten Petersilienkartoffeln.

Meißner Wurzelkarpfen

Zutaten für 4 Personen

1 Karpfen (1,5 kg)

1 Bd Suppengrün (Möhre, Sellerie, Petersilienwurzel)

2 Möhren

1 Stange Porree

2 EL Öl

Salz

frisch gemahlener weißer Pfeffer

1 Lorbeerblatt

80 g Butter

1/2 l Weißwein (Müller-Thurgau trocken)

3 EL gehackte Petersilie

- Den Karpfen waschen, trockentupfen und in Portionsstücke teilen
- Das Gemüse putzen, waschen und klein schneiden
- Das Öl erhitzen und das Gemüse hineinlegen, die Karpfenstücke obenauf schichten
- Mit Salz und Pfeffer würzen und das Lorbeerblatt zufügen
- Butterflöckchen auf den Fisch setzen und den Weißwein angießen
- Zugedeckt 20 Minuten bei mittlerer Hitze dünsten
- Die Karpfenstücke auf eine vorgewärmte Platte legen und mit Petersilie bestreuen
- Die Soße durch ein Sieb streichen; dabei das Gemüse mit durchdrücken, damit die Soße sämig wird.

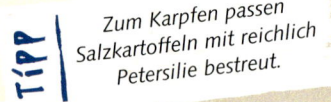

TIPP Zum Karpfen passen Salzkartoffeln mit reichlich Petersilie bestreut.

Mandel-Forelle

Zutaten für 4 Personen

4 küchenfertige Forellen

Salz

frisch gemahlener weißer Pfeffer

2 EL Mehl

2 EL Butterschmalz

100 g Butter

4 EL geröstete Mandelblättchen

8 Zitronenscheiben

- Die Fische waschen, trockentupfen und innen und außen mit Salz und Pfeffer einreiben, danach in Mehl wälzen
- In einer Pfanne das Butterschmalz erhitzen, die Forellen hineingeben und auf jeder Seite 8 Minuten braten
- Herausnehmen, auf vorgewärmten Tellern anrichten, zerlassene Butter darüber geben und die Mandelblättchen auf die Fische streuen
- Jeweils 2 Zitronenscheiben als Dekoration und zum Auspressen dazu legen.

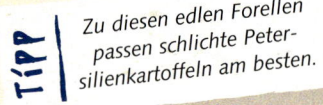

Tipp

Zu diesen edlen Forellen passen schlichte Petersilienkartoffeln am besten.

Noch mehr Wissen über

Heimtiere & Garten

(Gewünschtes bitte ankreuzen)

Fordern Sie kostenlose Zusatz-Infos

Schicken Sie mir bitte kostenlos informative Buchprospekte über:

☐ Haustiere

☐ Vögel

☐ Aquaristik/Terraristik

☐ Pflanzen & Gärten

Schicken Sie mir bitte kostenlos Ihren aktuellen E-Mail-Newsletter:

☐ Tiere

☐ Aquaristik/Terraristik

☐ Garten

E-Mail-Adresse

www.ulmer.de

Ulmer

Meine Adresse:

Vorname/Name

Straße/Nr.

PLZ/Ort

Tel.-Nr. (für Rückfragen)

Diese Karte habe ich entnommen aus:

Das Buch hat mir gefallen ☐ ja | ☐ nein,

weil:

Antwort

Verlag Eugen Ulmer
Kundenservice
Postfach 70 05 61
70574 Stuttgart

Ulmer

Eingelegte Matjesfilets

Zutaten für 4 Personen
1/2 l Milch
8 Matjesfilets
1/2 l saure Sahne
2 EL Majonäse
1 TL Zucker
Pfeffer
100 ml Weinessig
2 Zwiebeln
2 Gewürzgurken
2 Äpfel

- Die Milch in eine Schüssel gießen und die Matjesfilets für 2 Stunden hineinlegen, inzwischen die Soße zubereiten
- Dafür Sahne, Majonäse, Zucker, Pfeffer und Essig verrühren
- Die Zwiebeln schälen und in feine Ringe schneiden, die Gurken in Scheiben schneiden
- Die Äpfel schälen, in Viertel, dann in Scheiben schneiden, dabei das Kernhaus entfernen
- Zwiebeln, Gurken und Äpfel mit der Sahnesoße vermischen
- Die Matjesheringe aus der Milch nehmen und abtropfen lassen, dann in die Soße legen
- Zugedeckt im Kühlschrank über Nacht durchziehen lassen.

Tipp
Zu den Heringen schmecken Petersilienkartoffeln oder Schwarzbrot und ein Glas gut gekühltes Pils.

Quarkkeulchen

Zutaten für 4 Personen

2 EL Rosinen

1 EL Weinbrand

500 g Kartoffeln (mehlig kochend)

1–2 EL Mehl

200 g abgetropfter Sahnequark

1 Prise Salz

1 TL abgeriebene unbehandelte Zitronenschale

2 Eier (Größe M)

1 EL gehackte Mandeln

Mehl zum Formen

Butterschmalz zum Ausbacken

Außerdem:

Zimtzucker

Apfelmus

Schlagsahne

- Die Rosinen waschen, trockentupfen und mit Weinbrand beträufeln
- Die Kartoffeln in der Schale gar kochen, pellen und noch warm durch die Kartoffelpresse drücken
- Mehl, Quark, Salz, Zitronenschale und Eier mit der Kartoffelmasse vermengen, die Rosinen mit den Mandeln zugeben
- Die Masse muss mit den Händen formbar sein; falls sie zu weich ist, etwas Mehl zugeben
- Mit bemehlten Händen kleine Keulchen (runde, etwa handtellergroße Fladen, $\frac{1}{2}$ cm dick) formen
- In einer Pfanne Butterschmalz erhitzen und die Keulchen auf beiden Seiten goldbraun backen
- Auf Tellern verteilen und mit Zimtzucker bestreuen
- Mit Apfelmus und einem Klecks Schlagsahne daneben servieren.

Eine nicht enden wollende Leidenschaft hegt der Leipziger für seine Quark- oder Käsekeulchen. Sie sind beliebt bei Groß und Klein und sowohl als Hauptgericht wie auch als Nachtisch stets willkommen.

Leipziger Ringtaler

Zutaten für 4 Personen

8 große Äpfel

4 EL Zitronensaft

100 g Zucker

2 Eier

50 g weiche Butter

1 Prise Salz

1/4 l Milch

200 g Mehl

Butterschmalz oder Öl zum Frittieren

Zimtzucker

- Das Kernhaus der Äpfel ausstechen, die Äpfel schälen und in 1 cm dicke Ringe schneiden
- Mit Zitronensaft beträufeln und die Hälfte des Zuckers auf die Ringe streuen
- Die Eier trennen, Eigelbe mit Butter, Salz und Milch verquirlen
- Nach und nach das Mehl und den restlichen Zucker einrühren
- Den Teig 15 Minuten quellen lassen
- Das Eiweiß zu steifem Schnee schlagen und unterheben
- Das Fett erhitzen, bis sich an einem hineingehaltenen Holzlöffelstiel Blasen bilden – dann stimmt die Temperatur
- Die Apfelringe durch den Teig ziehen und in erhitztem Fett auf beiden Seiten goldbraun ausbacken
- Kurz auf Küchenpapier abtropfen lassen, dann sofort auf Tellern anrichten und mit Zimtzucker bestreuen
- Vanilleeis und Schlagsahne dazu reichen.

Tipp

Mit ein paar Spritzern Zitronensaft kann man verhindern, dass Äpfel sich bräunlich färben. Außerdem liefert die Zitrusfrucht ein feines säuerliches Aroma und reichlich Vitamin C. Sie gibt beim Auspressen mehr Saft ab, wenn man sie kurz vor Gebrauch einen Moment in heißes Wasser gelegt und anschließend auf der Tischplatte kräftig hin- und hergerollt hat.

Bambes

Zutaten für 4 Personen

800 g rohe Kartoffeln

400 g in der Schale gekochte Kartoffeln

Salz

1/4 l Buttermilch

Leinöl oder Butterschmalz zum Ausbacken

- Die rohen Kartoffeln schälen und fein reiben, die Kartoffelmasse etwas ausdrücken
- Die gekochten Kartoffeln pellen, ebenfalls fein reiben und unter die rohen Kartoffeln mengen
- Salz und Buttermilch zugeben und einen dickflüssigen Brei herstellen
- In einer Pfanne das Öl oder Schmalz erhitzen, einige Löffel voll Kartoffelteig hineingeben, flachdrücken (wie Kartoffelpuffer) und auf beiden Seiten goldgelb und knusprig braten.

Bambes (abgeleitet von Pampf) heißen nur im Vogtland so, hier nennt man sie aber auch gebackene Kläss. Im Erzgebirge nennt man sie Klitscher, Latschen, Frätzle oder Buttermilch- getzen. Bambes sind Allround-Talente. Sie passen zu süßen und auch zu herzhaften „Beilagen" wie Braten (siehe S. 74). Bambes werden in der herzhaften Variante mancherorts auch in ausgelassenen Speckwürfeln gebacken.

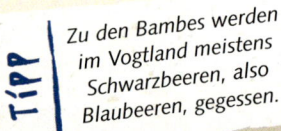

TIPP Zu den Bambes werden im Vogtland meistens Schwarzbeeren, also Blaubeeren, gegessen.

Knusperkirschen

Zutaten für 4 Personen

4 Eier

2 EL Zucker

3 EL Milch

3 EL Schlagsahne

1 EL Rum

1 Prise Salz

1/2 TL Zimt

200 g Mehl

1 kg Süßkirschen mit Stiel

Öl zum Frittieren

100 g Puderzucker

Außerdem:

Küchengarn zum Zusammenbinden der Kirschen

- Eier, Zucker, Milch, Schlagsahne und Rum verrühren
- Salz, Zimt und das Mehl unterrühren
- Den Teig zugedeckt 30 Minuten quellen lassen
- Die Kirschen waschen und abtropfen lassen
- Das Öl in einem Topf erhitzen, bis sich an einem hineingehaltenen Holzlöffelstiel Blasen bilden – dann stimmt die Temperatur
- Jeweils 5 Kirschen mit Küchengarn an den Stielen zusammenbinden, in den Teig tauchen und 2 Minuten im heißen Öl ausbacken
- Kurz auf Küchenpapier abtropfen lassen, dann auf ein Kuchengitter legen und mit Puderzucker bestäuben.

„Gerschenglobben" war zur Kirmeszeit in den Leipziger Kuchengärten, die es bis ins 20. Jahrhundert hinein vor den Toren der Stadt gab, ein beliebtes Spiel. Eine Kirsche wurde auf den Tisch gelegt. Mit einer Gerte schlug man rechts oder links daneben. Die Kunst bestand darin, die Kirsche schnell wegzunehmen, ohne einen Gertenschlag abzukriegen. Wer die meisten Kirschen erwischte, hatte gewonnen und bekam eine „Runde" spendiert.

Meißner Weincreme

Zutaten für 4 Personen

4 Eier

250 g Zucker

1 Prise Salz

**1/2 l Weißwein
(z. B. Elbtalriesling)**

**1 EL abgeriebene un-
behandelte Zitronenschale**

40 g Speisestärke

2 EL Weinbrand

- Eier, Zucker, Salz, $\frac{1}{4}$ l Wein und Zitronenschale verrühren und über heißem Wasserbad so lange schlagen, bis die Masse cremig ist
- Die Speisestärke in etwas kaltem Wasser verquirlen
- Den restlichen Wein zum Kochen bringen, das Stärkemehl einrühren und kurz aufkochen lassen
- Vom Herd nehmen und den Weinbrand unterrühren
- Mit einem Schneebesen unter die Eimasse heben
- In Dessertschalen füllen und mit verzuckerten Nelken dekorieren.

Verzuckerte Nelken

Zutaten: 8 frisch gepflückte kleine Nelken (ungespritzt, also nicht aus dem Blumenladen), 2 Eiweiß, 3 EL feinen Zucker

Die Nelken reinigen. Das Eiweiß mit einer Gabel leicht aufschlagen, die Nelken hineintauchen, überflüssiges Eiweiß abschütteln, die Nelken ringsum mit Zucker bestreuen. Im vorgeheizten Backofen bei 50 °C trocknen. Die Ofentür dabei spaltbreit geöffnet halten.

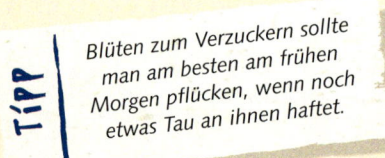

Tipp

Blüten zum Verzuckern sollte man am besten am frühen Morgen pflücken, wenn noch etwas Tau an ihnen haftet.

Verpackter Pfirsich

Zutaten für 4 Personen
300 g Mehl
2 EL Zucker
1 Päckchen Vanillezucker
1 Prise Salz
3 Eier
150 g kalte Butter
8 Pfirsiche
2 EL gehackte Mandeln
Milch zum Bestreichen
Puderzucker zum Bestäuben

- Das Mehl in eine Schüssel sieben und in die Mitte eine Vertiefung drücken
- Zucker, Vanillezucker, Salz und 2 Eier hineingeben, die Butter in Stücken auflegen und von der Mitte her alle Zutaten zu einem glatten Mürbeteig verkneten
- 30 Minuten kalt stellen
- Die Pfirsiche überbrühen, in kaltem Wasser abschrecken und anschließend die Haut abziehen
- Danach die Früchte halbieren und entsteinen
- Backofen auf 200 °C (Umluft 180 °C, Gas Stufe 3) vorheizen
- Den Teig ausrollen und in 8 Quadrate schneiden
- Auf jedes Quadrat gehackte Mandeln und 2 zusammengesetzte Pfirsichhälften geben
- Die Teigränder mit dem restlichen verquirlten Ei bestreichen und über den Früchten zusammenschlagen, Ränder gut zusammendrücken
- Mit Milch bepinseln und im vorgeheizten Backofen etwa 15 Minuten backen
- Herausnehmen und mit Puderzucker bestäuben, heiß servieren.

Schneeberger Plinsen

Zutaten für 4 Personen

10 g Hefe

1/4 l Milch

1 Ei

1 Prise Salz

1 EL Zucker

150 g Mehl

2 EL Rosinen

Butterschmalz
zum Ausbacken

Puderzucker zum Bestäuben

- Die Hefe zerbröckeln und mit etwas Milch verquirlen
- Die restliche Milch, das Ei, Salz und Zucker unterrühren
- Das Mehl und die gewaschenen Rosinen ebenfalls einrühren
- Zugedeckt 30 Minuten an einem warmen Platz gehen lassen
- In einer Pfanne etwas Butterschmalz erhitzen
- Mit einem Esslöffel portionsweise Teig in die Pfanne geben und die Plinsen auf beiden Seiten goldgelb backen
- Auf Tellern anrichten, mit Puderzucker bestäubt servieren.

Tipp

Zu den Plinsen passt am besten Kompott. Falls Sie gerade keines gekocht haben, schmeckt auch Marmelade sehr gut.

Rosenpudding

Zutaten für 4 Personen

Für den Pudding:

20 stark duftende, frisch gepflückte Rosenblütenblätter (ungespritzt!)

200 g Zwieback

8 Eier

3 EL Zucker

300 ml Schlagsahne

1 Prise Zimt

1 Prise Salz

Für die Soße:

1 EL Speisestärke

1/2 l Milch

2 Päckchen Vanillezucker

2 EL Zucker

1 Prise Salz

1 Eigelb

Für den Pudding:

- Die Rosenblütenblätter reinigen, vom bitteren Stielansatz befreien und fein schneiden
- Den Zwieback in einen Gefrierbeutel geben und mit einem Nudelholz zerstoßen, dann mit den Rosenblütenblättern vermischen
- Die Eier trennen, die Eigelbe mit dem Zucker in einer Schüssel schaumig schlagen
- Schlagsahne, Zimt, Salz und die Zwiebackmasse unterrühren
- Das Eiweiß steif schlagen und unterheben
- In eine Form füllen und über heißem Wasserbad bei 80 °C etwa 90 Minuten garen

Für die Soße:

- Die Speisestärke in etwas kalter Milch verquirlen
- Die restliche Milch mit Vanillezucker, Zucker und Salz zum Kochen bringen
- Die angerührte Speisestärke einrühren, aufkochen lassen, vom Herd nehmen und etwas auskühlen lassen, dann das Eigelb unterrühren
- Mit dem Rosenpudding servieren
- Mit kandierten Rosenblütenblättern verzieren.

Kandierte Rosenblütenblätter

Zutaten: 1 Eiweiß, 20 frisch gepflückte, duftende Rosenblütenblätter (ungespritzt!), 2 El feiner Zucker
Die Rosenblütenblätter reinigen und vom bitteren Stielansatz befreien. Das Eiweiß mit einer Gabel etwas aufschlagen. Die Rosenblätter hineintauchen und auf beiden Seiten mit Zucker bestreuen. Im vorgeheizten Backofen bei 50 °C trocknen lassen. Die Ofentür dabei spaltbreit geöffnet lassen.

Erzgebirgischer Aardäppelkuchen

Zutaten für 1 Backblech

1 kg Kartoffeln (mehlig kochend)

1 Prise Salz

200 g Mehl

100 g Margarine

3 Eier

Mehl zum Bearbeiten

Butter für das Backblech

Außerdem:

100 g Butter

Zimtzucker

- Die Kartoffeln in der Schale gar kochen, abgießen, pellen und noch warm durch die Kartoffelpresse drücken
- Den Backofen auf 200 °C (Umluft 180 °C, Gas Stufe 3) vorheizen
- Zur Kartoffelmasse nacheinander Salz, Mehl, Margarine und Eier geben; alles gut miteinander vermischen
- Den Teig auf einer bemehlten Fläche ausrollen
- Ein Backblech ausbuttern, den Teig darauf geben und im Backofen etwa 20 Minuten backen
- Sofort mit der zerlassenen Butter bestreichen und mit Zimtzucker bestreuen.

Aardäppelkuchen muss noch dampfen, wenn er duftend und verlockend auf dem Teller liegt. Bei jedem Fest – schon gar bei einer Hochzeit! – ist er dabei. Dann wird er noch mit Mandeln, Rosinen und Zitronat verfeinert.

Prasselkuchen

Zutaten für 1 Backblech

Für den Teig:
250 g Mehl
15 g Hefe
4 EL Zucker
100 ml lauwarme Milch
1 Msp Salz
80 g Butterschmalz
1 TL abgeriebene unbehandelte Zitronenschale
Mehl zum Bearbeiten
Butter für das Backblech

Für den Belag:
150 g Aprikosenkonfitüre
200 g Mehl
175 g Zucker
1 Päckchen Vanillezucker
1 Prise Zimt
150 g Butter
150 g Puderzucker

Für den Teig:
- Das Mehl in eine Schüssel sieben, in die Mitte eine Vertiefung drücken, die Hefe mit 1 TL Zucker in etwas lauwarmer Milch verquirlen und in die Vertiefung gießen
- Etwas Mehl vom Rand einrühren und einen Vorteig bereiten
- Salz, das Butterschmalz in Flöckchen, den restlichen Zucker und die Zitronenschale auf dem Mehlrand verteilen
- Zugedeckt 20 Minuten an einem warmen Ort gehen lassen, dann alle Zutaten von der Mitte her kräftig durchkneten
- Nochmals 30 Minuten gehen lassen
- Das Backblech ausbuttern, den Teig zusammenstoßen, nochmals durchkneten, auf einer bemehlten Fläche ausrollen und auf das Backblech geben
- Einen Rand hochziehen und den Teig mit einer Gabel mehrmals einstechen

Für den Belag:
- Die Aprikosenkonfitüre leicht erwärmen, durch ein Sieb streichen und auf dem Teig verteilen
- Für die Streusel Mehl, Zucker, Vanillezucker und Zimt vermischen, die Butter in Flöckchen dazugeben
- Den Backofen auf 200 °C (Umluft 180 °C, Gas Stufe 3) vorheizen
- Mit den Händen oder mit zwei Gabeln die Zutaten zu Streuseln verarbeiten und auf die Aprikosenkonfitüre streuen
- Im vorgeheizten Backofen etwa 30 Minuten backen
- Herausnehmen und sofort mit einer Glasur überziehen, hierfür den Puderzucker mit 2 EL kaltem Wasser verrühren.

Als Erich Kästner noch ein kleiner Junge war und in Dresden lebte, gab es vor den Osterferien die Zensuren. Das ging recht feierlich vonstatten. Die Eltern wurden eingeladen und die Kinder sangen und deklamierten für sie. Auch Ida Kästner, Erichs Mutter, ließ es sich nicht nehmen, dabei zu sein und "setzte sich, stolzgeschwellt, kerzengerade … Die Zensuren waren, wie immer, vorzüglich." Erich Kästner erinnert sich noch mit Vergnügen an die Zeiten, als sie anschließend in der Konditorei "Parseval" einkehrten, wo er "mit Bienenstich, Prasselkuchen und heißer Schokolade traktiert wurde."

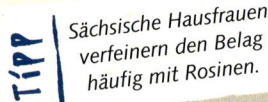

TiPP Sächsische Hausfrauen verfeinern den Belag häufig mit Rosinen.

Dresdner Eierschecke

Zutaten für 1 Backblech

Für den Teig:

500 g Mehl

30 g Hefe

125 g Zucker

1/4 l Milch

150 g Butter

1 Päckchen Vanillezucker

1 Prise Salz

Mehl zum Bearbeiten

Butter für das Backblech

Für den Belag:

150 g Butter

300 g Zucker

8 Eier

1 kg Quark

1 Päckchen Puddingpulver Vanillegeschmack

1/2 TL abgeriebene Zitronenschale

1 Prise Salz

2 EL geriebene Mandeln

1 EL Stärkemehl

3 EL Weinbrand

- Das Mehl in eine Schüssel sieben und in die Mitte eine Vertiefung drücken
- Hefe und 1 TL Zucker in $\frac{1}{8}$ l lauwarmer Milch verrühren, in die Vertiefung gießen, etwas Mehl vom Rand dazugeben und einen breiartigen Vorteig herstellen
- Zugedeckt an einem warmen Ort 20 Minuten gehen lassen
- Den restlichen Zucker, Butter, Vanillezucker und Salz auf den Mehlrand geben, von der Mitte her die Zutaten verkneten, dabei die restliche Milch zufügen
- Nochmals zugedeckt 30 Minuten gehen lassen
- Den Teig durchkneten und auf einer bemehlten Fläche ausrollen
- Ein Backblech ausbuttern, den Teig auflegen und einen Rand hochziehen
- Den Teig mit einer Gabel mehrmals einstechen
- Für den Belag 100 g Butter schaumig schlagen, nach und nach 200 g Zucker, 3 Eier, den abgetropften Quark, Puddingpulver, Zitronenschale, Salz und Mandeln untermischen
- Die Masse auf den Teig streichen
- Das Stärkemehl mit dem restlichen Zucker, 5 Eiern und der restlichen Butter verrühren
- Den Weinbrand zugeben
- Die Masse im heißen Wasserbad so lange schlagen, bis sie dick-cremig ist
- Die Creme auf der Quarkmasse verteilen
- Im vorgeheizten Backofen bei 200 °C (Gas Stufe 3, Umluft 180 °C) etwa 45 Minuten backen
- Die Oberhitze reduzieren, damit die Eiercreme nicht zu dunkel wird.

Oberlausitzer Stachelbeercremekuchen

Zutaten für 1 Backblech

Für den Teig:

100 g weiche Butter

100 g Zucker

2 Eier

250 g Mehl

1 gestrichener TL Backpulver

Butter für das Backblech

Für den Belag:

1 Päckchen Puddingpulver Vanillegeschmack

400 ml Milch

5 EL Schlagsahne

50 g Butter

2 EL Zucker

4 Eigelb

750 g Stachelbeeren

175 g Zucker

4 Eiweiß

2 TL Speisestärke

Für den Teig:

- Backofen auf 200 °C (Gas Stufe 3, Umluft 180 °C) vorheizen
- Die Butter schaumig schlagen, Zucker und Eier einrühren, das Mehl mit dem Backpulver vermischen, sieben und nach und nach einarbeiten
- Den Teig ausrollen; sollte er kleben, noch etwas Mehl zugeben
- Das Backblech ausbuttern, den Teig darauf geben und einen Rand hochziehen
- Im Backofen etwa 15 Minuten backen

Für den Belag:

- Für die Creme das Puddingpulver mit etwas Milch verquirlen, die restliche Milch mit der Sahne, der Butter und dem Zucker zum Kochen bringen und das Puddingpulver einrühren
- Kurz aufkochen und danach etwas auskühlen lassen, dann die Eigelbe einrühren, anschließend die Creme kalt stellen
- Die Stachelbeeren waschen, putzen und in $\frac{1}{8}$ l Wasser mit 150 g Zucker zum Kochen bringen, 2 Minuten köcheln lassen
- Die Speisestärke in wenig kaltem Wasser verquirlen und unterrühren
- Auf den gebackenen Teigboden die Creme streichen und die Stachelbeermasse darauf verteilen
- Eiweiß mit dem restlichen Zucker steif schlagen, in einen Spritzbeutel mit Tülle füllen und über die Stachelbeeren geben
- Im Backofen noch 5 Minuten bräunen.

Vogtländischer Schwarzbeerkuchen

Zutaten für 1 Backblech

Für den Teig:

500 g Mehl

30 g Hefe

2 EL Zucker

1/4 l Milch

1 Prise Salz

80 g weiche Butter

1 Ei

Mehl zum Bearbeiten

Butter für das Backblech

Für den Belag:

1,5 kg Schwarzbeeren (Blaubeeren)

2 EL Semmelbrösel

3 EL Zucker

1/2 TL Zimt

60 g Butter

- Das Mehl in eine Schüssel sieben und in die Mitte eine Vertiefung drücken
- Die Hefe mit 1 TL Zucker in etwas lauwarmer Milch verquirlen, in die Vertiefung gießen, etwas Mehl vom Rand einrühren und einen breiartigen Vorteig bereiten
- Zugedeckt 20 Minuten an einem warmen Ort gehen lassen
- Auf dem Mehlrand den restlichen Zucker, das Salz, die Butter in Flöckchen und das Ei anordnen
- Von der Mitte her alles zu einem glatten, geschmeidigen Teig verkneten, dabei die restliche Milch zugeben
- Nochmals 30 Minuten gehen lassen
- Backofen auf 200 °C (Umluft 180 °C, Gas Stufe 3) vorheizen
- Die Blaubeeren waschen und abtropfen lassen
- Den Teig zusammenstoßen und auf einer bemehlten Fläche ausrollen
- Ein Backblech ausbuttern, den Teig darauf geben, einen Rand hochziehen und den Teig mit einer Gabel mehrmals einstechen
- Mit Semmelbröseln bestreuen und mit den Beeren belegen
- Zucker und Zimt vermischen und auf die Beeren streuen
- Die Butter in Flöckchen auf dem Belag verteilen
- Im vorgeheizten Backofen etwa 30 Minuten backen.

Den Sachsen um Leipzig herum würde an diesem Kuchen eine ganz wichtige Zutat fehlen: die Streusel. Kein Obstkuchen ist komplett, der nicht dick mit zuckrig-buttrigen Streuseln belegt ist. Und natürlich muss eine große Portion Schlagsahne dabei sein!

Weihnachtsstollen
nach Dresdner Art

Zutaten für 1 Stollen

200 g Sultaninen

100 g Korinthen

5 EL Rum

500 g Mehl

40 g Hefe

125 g Zucker

1/4 l Milch

1 Päckchen Vanillezucker

1 TL abgeriebene un-
behandelte Zitronenschale

1 Prise Salz

150 g weiches
Butterschmalz

100 g Zitronat

100 g Orangeat

100 g gehackte Mandeln

Mehl zum Bearbeiten

Butter für das Backblech

Außerdem:

100 g Butter

125 g Puderzucker

- Sultaninen und Korinthen mit Rum begießen und zugedeckt ziehen lassen
- Das Mehl auf ein Backbrett sieben und in die Mitte eine Vertiefung drücken
- Die Hefe mit 1 TL Zucker in $\frac{1}{8}$ l lauwarmer Milch verquirlen, in die Vertiefung gießen und etwas Mehl vom Rand einrühren
- Zugedeckt an einem warmen Ort 20 Minuten gehen lassen
- Auf dem Mehlrand den restlichen Zucker, Vanillezucker, Zitronen-schale, Salz und Butterschmalz in Stückchen verteilen
- Von der Mitte her alles zu einem glatten Teig verkneten, dabei die restliche Milch zufügen
- Zitronat, Orangeat, Sultaninen und Korinthen mit dem Rum sowie die Mandeln unterkneten
- Zugedeckt 30 Minuten gehen lassen
- Den Backofen auf 200 °C (Umluft 180 °C, Gas Stufe 3) vorheizen
- Den Teig zusammenstoßen, nochmals durchkneten, einen Laib for-men, diesen der Länge nach einkerben
- Ein Backblech ausbuttern und den Laib darauf legen, nochmals 15 Minuten gehen lassen
- Im vorgeheizten Backofen etwa 45 Minuten backen
- Die Butter zerlassen
- Den Stollen aus dem Ofen nehmen, sofort mit der Hälfte der zerlassenen Butter bestreichen, die Hälfte des Puderzuckers darüberstäuben, mit der restlichen Butter bestreichen und mit dem restlichen Puderzucker bestäuben
- Den Stollen 3 bis 4 Wochen durchziehen lassen, bevor er angeschnitten wird.

Tipp

Den Stollen zum Durchziehen lose in dünne Leinentücher einwickeln oder in geräumigen Blechdosen aufbewahren. Auch ein Steingutgefäß ist geeignet. Es sollte nach dem Füllen mit einem nicht zu dünnen Tuch abgedeckt werden.

Stollen will an das in weiße Windeln gewickelte Christkind erinnern. Urkundlich wurde das beliebte Backwerk erstmals in Naumburg im Jahre 1329 erwähnt. Der Stollen wird auch Stolle, Strietzel oder Christbrot genannt.

Leipziger Lerchen

Zutaten für etwa 8 Stück

Für den Teig:

250 g Mehl

1 Ei

1 Prise Salz

1 TL Rum

2 EL Zucker

125 g Butter

Butter für die Förmchen

Für die Füllung:

125 g Butter

4 EL Zucker

1 Eigelb

175 g Mandeln, darunter 2 bittere

50 g Mehl

2 EL Speisestärke

4 Eiweiß

150 g Aprikosenkonfitüre

- Das Mehl in eine Schüssel sieben, in die Mitte eine Vertiefung drücken und Ei, Salz, Rum und Zucker sowie die Butter in Flöckchen hineingeben
- Von der Mitte aus die Zutaten zu einem glatten Mürbeteig verarbeiten, 1 Stunde kalt stellen
- Die Butter schaumig rühren, Zucker, Eigelb, Mandeln, Mehl und Speisestärke zugeben und gut verrühren
- Den Backofen auf 180 °C (Umluft 160 °C, Gas Stufe 2) vorheizen
- Eiweiße zu steifem Schnee schlagen und vorsichtig unter den Mandelteig heben
- Den Mürbeteig $\frac{1}{2}$ cm dick ausrollen, einen Teigrest beiseite legen
- Kleine Tortenförmchen ausbuttern, mit Teig auslegen, Aprikosenkonfitüre auf die Böden streichen und darauf die Mandelmasse verteilen
- Obenauf jeweils zwei Teigstreifen (aus dem Teigrest geformt) über Kreuz legen
- Im vorgeheizten Backofen etwa 20 Minuten backen
- Herausnehmen, stürzen und sofort wieder umdrehen, auf einem Kuchengitter abkühlen lassen.

Singvögel, speziell Lerchen, waren, egal ob gekocht, gebraten, gefüllt, in Aspik oder als herzhafter Tortenbelag, ein sehr begehrtes Gaumenvergnügen – nicht nur bei den Leipzigern. Auch andernorts schätzte man diese Delikatessen. Geschäftsleute erkannten die gute Geldeinnahmequelle und sorgten für ausreichenden Versand. Im Jahre 1876 war damit Schluss. Das Fangen von Singvögeln wurde verboten. Ein Ersatz musste her, denn die inzwischen angeheuerte Kundschaft wollte man nicht verlieren. Die Wahl fiel auf ein Marzipantörtchen, weil es schmackhaft und haltbar zugleich war. Die über Kreuz gelegten Teigstreifen erinnern an die Päckchen, in denen man früher die Singvögel auf den Postweg brachte.

Pulsnitzer Pfefferkuchen

Zutaten für 15–20 Stück

250 g Honig

250 g Zucker

50 g Butter

3 EL Kakao

600 g Mehl

1 Msp Zimt

4 g Kardamom

1/2 TL abgeriebene unbehandelte Zitronenschale

125 gehackte Mandeln

2 EL Zitronat

1 Ei

10 g Hirschhornsalz

5 g Pottasche

Außerdem:

Butter für das Backblech

150 g Puderzucker und 2 EL Wasser für die Glasur

Zuckerperlen zum Verzieren

- Honig, Zucker und Butter erhitzen, verrühren und auskühlen lassen
- Kakao und Mehl vermischen, sieben und mit Zimt, Kardamom, Zitronenschale, Mandeln, Zitronat und dem Ei zur Honigmasse geben
- Hirschhornsalz und Pottasche getrennt in wenig Wasser auflösen und ebenfalls zufügen
- Alles zu einem glatten Teig verkneten
- Mit einem Tuch bedecken und über Nacht an einem kalten Platz ruhen lassen
- Backofen auf 180 °C (Umluft 160 °C, Gas Stufe 2) vorheizen
- Den Teig $1/2$ cm dick ausrollen und Sterne, Herzen, Kreise oder andere beliebige Formen ausstechen und auf ein gebuttertes Backblech legen
- Im vorgeheizten Backofen 10 bis 12 Minuten backen, anschließend herausnehmen und auskühlen lassen
- Nach Belieben mit Zuckerglasur und Zuckerperlen verzieren.

Seit dem Jahre 1743 duftet es in Pulsnitz das ganze Jahr über nach Weihnachten, denn dort gründete Tobias Thomas die erste Pfefferküchlerei. Viele Backkünstler machten es ihm nach. Und noch heute kann man in zahlreichen kleinen Schaufenstern wunderschön bemalte und appetitliche Kunstwerke sehen. Einige Kilometer entfernt, in Weißenberg, steht das einzige Pfefferkuchenmuseum Deutschlands.

Apfel-Birnen-Rotkohl	52		Mandel-Forelle	90
Apfel-Möhren-Salat	16		Meißner Weincreme	102
Apfelsalat mit Leber	28		Meißner Weinsuppe	48
			Meißner Wurzelkarpfen	88
Bambes	98			
Blumenkohlröschen in Schinkensoße	58		Oberlausitzer Bohnensuppe	40
Bornaer Zwiebelsuppe	30		Oberlausitzer Gewiegtesbrutl	78
Bunter Salat	24		Oberlausitzer Stachelbeercremekuchen	116
Dresdner Eierschecke	114		Pilzgulasch auf vogtländische Art	72
			Pilzsalat	16
Eiersalat	18		Prasselkuchen	112
Eigeschnietene	62		Pulsnitzer Pfefferkuchen	124
Eingelegte Matjesfilets	92			
Elbtaler Senfbraten	80		Quarkkeulchen	94
Erzgebirgischer Aardäppelkuchen	110			
			Rindskeule mit Morcheln	76
Frühlingssuppe	36		Rosenpudding	108
			Rotkohlsalat	20
Gefüllte Zwiebeln	54			
Griegeniffte	60		Sächsischer Gänsebraten	82
Gräupchen	32		Sauerbraten	68
			Scherbelberger Spatz auf Specksauerkraut	84
Jägerklöße	66		Schneeberger Plinsen	106
			Schweinskeule mit Bier	70
Kartoffelsuppe	46		Selleriesalat	20
Knusperkirschen	100		Sorbische Hochzeitssuppe	42
Koteletts in Kümmelsoße	86		Stötteritzer Hemdbohnen	56
Krauttopf	44			
			Verpackter Pfirsich	104
Leipziger Allerlei	50		Vogtländische Schwammespalken	38
Leipziger Biersuppe	34		Vogtländischer Schwarzbeerkuchen	118
Leipziger Lerchen	122			
Leipziger Ringtaler	96		Weihnachtsstollen nach Dresdner Art	120
Löwenzahnsalat	22		Wernesgrüner Bierfleisch mit Bambes	74
			Wickelklöße	64
			Wurstsalat	26

Bildquellen
Marketing-Gesellschaft
Oberlausitz-Niederschlesien
mbH/Jürgen Matschie: S. 13
Wolfgang Redeleit: S. 4
Hans Reinhard,
Heiligkreuzsteinach: S. 10
Tourismus Marketing
Gesellschaft Sachsen mbH:
S. 6, 7, 11, 15

Alle anderen Fotos und die
Rezeptfotos stammen von
Fridhelm Volk.

Bibliografische Information Der Deutschen Bibliothek
Die Deutsche Bibliothek verzeichnet diese Publikation in der
Deutschen Nationalbibliografie; detaillierte bibliografische
Daten sind im Internet über http://dnb.ddb.de abrufbar.

Haftung:
Die Autorin und der Verlag haben sich um richtige und zuverläs-
sige Angaben bemüht. Fehler können jedoch nicht vollständig
ausgeschlossen werden. Eine Garantie für die Richtigkeit der Angaben kann daher nicht gegeben werden. Haftung für Schäden
und Unfälle wird aus keinem Rechtsgrund übernommen.

© 2004 Verlag Eugen Ulmer GmbH & Co.
Wollgrasweg 41, 70599 Stuttgart (Hohenheim)
E-Mail: info@ulmer.de
Internet: www.ulmer.de

Lektorat: Dr. Gabriele Lehari, Ina Vetter, Anke Ruf
Umschlag- und Innengestaltung: WILDE2, Stuttgart
Herstellung: Gabriele Wieczorek
Druck und Bindung: Offizin Andersen Nexö, Leipzig
Reproduktionen: types GmbH, Stuttgart
Printed in Germany

ISBN: 3-8001-4635-5

Leckere Rezepte,
Schritt für Schritt erklärt.

In diesem Buch finden Sie eine abwechslungsreiche Sammlung von Kuchen- und Tortenrezepten aus allen Regionen Deutschlands. Sie erfahren Wissenswertes über die Herkunft und die Namensgebung der Rezepte, ergänzt durch Tipps zur Zubereitung.

Spätzle, Maultaschen, Filettöpfle, Nonnenfürzle und Pfitzauf – die schwäbische Küche bietet himmlischen Genuss! In diesem Buch finden Sie viele abwechslungsreiche Rezepte mit Anregungen, Tipps und Wissenswertem rund um die schwäbische Küche.

Leberkäs', Schweinshaxe und Weißwurst kennt jeder. Aber die bayerische Küche kann mehr: Schmorhendl mit Zuckerhut und Topfenkrapferl mit Erdbeerkompott sind nur einige der vielen schmackhaften Rezepte.

Landfrauen-Rezepte Backen.
Oda Tietz, Fridhelm Volk. 2003.
128 Seiten, 75 Farbfotos, geb. (Pp.).
ISBN 3-8001-4222-8.

Landfrauen-Rezepte Schwaben.
Claudia Daiber, Fridhelm Volk. 2003.
128 Seiten, 75 Farbfotos, geb. (Pp.).
ISBN 3-8001-4238-4.

Landfrauen-Rezepte aus Bayern.
Barbara Rias-Bucher, Fridhelm Volk. 2004. 125 S., 67 Farbf., geb. (Pp.).
ISBN 3-8001-4219-8.